戒掉討好，活出自信，建立有界限的穩定自我

不被喜歡，也沒有關係

黃玉玲——著

討好是一個人禦寒的外衣

文・武志紅（資深心理諮商師、心理學暢銷書作家）

這本書的內容源自黃玉玲老師和我們「看見心理」平臺合作的一個訓練營課程，如今見到這本書出版，我很開心，也重新細細地讀了一遍。繁體字版書名為《不被喜歡也沒有關係：戒掉討好，活出自信，建立有界限的穩定自我》，在我心裡，黃玉玲老師非常適合探討這個議題，因為她是一個敢愛敢恨，卻也能讓關係健康、暢快、融洽的人，同時也是我們平臺最資深的諮商師之一。

在人際關係中，你能表達「好」，也能表達「壞」，這是完整的。當你只能在關係中表達「好」的時候，你就成了「好人」。我看到太多的「好人」，他們的情商並不低，在普通關係中，他們會自然捍衛自己的利益，但在親密關係或親子關係中就做不到了。之所以如此，是因為他們在「我在意的親近關係」中，即「我和自己人的關係」中，只能表達「好」，不能表達「壞」。

我們生活在一個把「忍與讓」作為一種為人處世美德的文化環境中，從小受到的教育是「多為他人著想」、「吃虧是福」，這並不是說做「好人」有什麼問題，而是說我們不能只會做「好人」。

有太多的好人，他們只是維持了一個好人的外殼，而他們的內在，是一個沒有成形的自我。「自我」這個詞，我給它做了一個新的界定。所謂自我，就是我們的精神生命。自我沒有成形，意味著一個人的精神生命尚未誕生。你只要稍一思考，就會發現，這個議題太嚴峻了。

那麼，是誰、是什麼力量在破壞自己，讓自己的精神生命不能誕生？

追問這個問題時，我們最容易去怪罪身邊的關係，而在關系中習慣討好的人，就是在用「只有好沒有壞」的行為模式拼命地說：「不是我，不是我，別怪我。」

翻看黃玉玲老師這本探討討好型人格的書，我同樣看到了這個邏輯：當孩子不敢拒絕父母、不能做自己的時候，他們就是在害怕成為那個「壞人」。因為一旦成為「壞人」，就要承受愧疚的折磨，遭受被懲罰甚至被家族遺棄的風險，這是最讓孩子恐懼的。為此，

「我」寧可犧牲自己，也要抑制生命深處「精神自我」的生長。

嚴重的討好行為，源自嚴重的被拋棄創傷。如果說社會有一個底色，那麼我想討好至少是底色之一，因為有太多的人陷在嚴重的被拋棄創傷中。

日本文學名著《人間失格》，是作者太宰治直刺人心的類自傳，如此描繪這種心理：「我想到一個辦法，就是用滑稽的言行討好別人。那是我對人類最後的求愛……我靠滑稽這條細線，維繫著與人類的聯繫。表面上，我總是笑臉迎人，可心裡頭，卻是拼死拼活，在凶多吉少、千鈞一髮的高難度下，汗流浹背地為人類提供最周詳的服務。

而且，無論我被家人怎樣責怪，也從不還嘴。哪怕只是戲言，於我也如晴天霹靂，令我為之瘋狂，哪裡還談得上還嘴……只要被人批評，我就覺得對方說得一點都沒錯，是我自己想法有誤。因此我總是黯然接受外界的攻擊，內心卻承受著瘋狂的恐懼。」

太宰治說的「瘋狂的恐懼」，就是對被拋棄的恐懼。這種恐懼壓倒一切，他為了避免這種恐懼可以付出一切。討好算什麼，滑稽又算什麼，只要不被拋棄就可以。

日本電影《被嫌棄的松子的一生》中，松子的作家男友，撞火車自殺前留遺言「生而為人，對不起」，這也是太宰治真實的自殺遺言。這本小說的名字——《人間失格》，也經典地反映了有嚴重被拋棄創傷的人的感受。若嬰幼兒時未被看見，自己感覺都沒有在人間存在的資格。

有這種感覺做底子，那麼，隨便抓住任何一根救命稻草，即那些偶爾能與別人建立哪怕再鬆散的連結方式，都會極度執著。

恐懼被拋棄的不只是太宰治和松子的作家男友，更有無數個渴望愛卻不曾體驗愛，也不知道愛為何物的普羅大眾。本書正是在深度剖析這個有些悲情的文化現象與情感模式。但我相信，如果你能夠沉浸地閱讀它，就會有意想不到的收穫。

這本書的書名叫作《不被喜歡也沒有關係：戒掉討好，活出自信，建立有界限的穩定自我》。我非常喜歡這個書名，其中的「不」字有著堅定做自己的力量感，這也是一個人「精神自我」的獨立宣言。

不再討好，意味著一個人曾經嘗試討好。現在，當你被題目吸引並翻開這本書的時候，你的內心其實已經有了思考這個主題的種子。如果你有「討好」相關的行為反應模式，那麼我相信這也是一本幫助有著某種內在「虛弱感」的自我重建秩序、重新扎根的書。如果你已經決定要告別過去的模式，那麼我相信這本書的結構及練習可以為你提供助力。

我研究原生家庭和心理發展多年，相關的著作，從學術論文到暢銷書都看過不少。要把原生家庭問題說得深入淺出，非常考驗諮商師的學術功力和日常觀察，以及系統寫作的能力。

這本書，我願意稱它為原生家庭的主體性寫作。一個人的人際關係模式起源於原生家庭，黃玉玲老師是我們團隊中一位專業非常扎實的諮商師。關於原生家庭對討好的形成和影響，她有著非常精彩到位的觀察與思考，且對應每一個情感反應的描述，也令我讚歎。**情感是關係流動的基礎，理解是療癒的基礎**。我相信，當她把這一切梳理成文字，呈現給大家的時候，其獨特與深刻的理解能讓大家獲得共鳴。

最重要的是，書中提到的建構個人主體性這一成長方向，相當於鋪設了一條非常清晰、踏實的希望之路，雖然這條路非常漫長，也甚為艱難，但一想到我們被壓抑的「精神生命」，這種共生帶來的絕望感，也許會讓我們行動起來，不再那麼畏懼。

我們做很多過分的努力，例如用權力壓制別人、討好等，其背後都藏著一種渴望——希望事情能按照我們的意願發展。有時這份意願非常直接粗暴，如權力狂；有時這份意願很委婉，甚至都難以看到，例如嚴重的討好型人格。當深究背後的動力時，我們可以看到藏在這些模式背後的強烈自戀性動力——我都這樣了，你們怎麼還不按照我的意願行事。

放下這種自戀性的強烈渴望，尊重一個基本事實：**我是我，你是你，尊重人性，尊重最能控制的就是自己，然後好好地修自己的身和心，我們就會看到一個不一樣的世界**。

在強烈的自戀動力這一維度，我也看到黃玉玲老師有非常深入且多維的解讀。這也是在本書第二部分中呈現最多的內容，其中大部分挑戰的是人的自戀思維。書中把思維想法、內心活動寫得非常生動，且簡單易懂，這類似於在心理諮商中，諮商師「言說」出個案的無意識困境，使這個無意識意識化，於是難以言說的痛苦變成了「有人懂，有人理解」。這也可以看出一個成熟諮商師的功力。同樣，被困在無法言說的孤島裡的人，將會因為被理解而獲得溫暖。

書中有許多接地氣的例子。比如，孩子以為自己做得完美就可以獲得他想要的愛，妻子以為自己成為丈夫的賢內助就會獲得幸福美滿的生活。這一切都建立在讓他人滿意的基礎上，在這種關係裡，自我不見了。以父母為中心的，還沒有完成與家庭的分離；總是以別人為中心的，更可悲，一直沒有活出自己。

很多人讀了本書可能會覺得案例中的人物身上也有自己的影子。如果你有這樣的感覺，就是發生了一些認同。藉由這個認同的通道，反倒能夠為自己打開一扇理解和改變的大門。

回避衝突，討好別人，永遠都只是在強迫性重複，唯有真正直接面對才會帶來新的可能。我驚喜地看到在本書最後一部分，黃玉玲老師以更加耐心、細膩的語言給我們呈現了療癒的藍圖。透過不同的力量練習，我們得以建立自己的主體感，滋養自己的「精神生命」。我們才能真正地扎根，活在自己的土壤裡，成為自己的主人，無需再討好他人。

本書每篇章末尾都有「練習」的附錄，用心去書寫，對我們非常有幫助。尤其是最後部分那些帶著光的練習，非常溫暖又有力量，適合反覆嘗試。

我曾經也是一個資深「老好人」，好幾年前的一個早上，我走在路上，突然間有了一種難以言說的平靜感。體會這份感覺，頓悟自己總算脫掉了討好型人格的那層外衣。原來，擁有討好型人格的人，腦海裡總喧囂著別人的聲音。現在，不要邀請這些聲音進來了，不要再妄想著對別人的責任與義務了，今後只要尊重自己的感覺。終於，我收穫了平靜。相信有一天，你也會收穫這份平靜。

愛所愛的人，但不是討好他們，這也是在表達你對這個人的信任，相信每個人都有取悅自己、擺脫困境的能力。愛需要你拿出你的主體感，用你的真實自我，與所愛的人真實、深度碰撞。

最後，我想引用一段來自個案的話，與大家共勉：人生由幾百、幾千乃至幾萬個大大小小的選擇構成，等你老了，回顧一生的時候，你發現最虧待的，恰恰是你自己，那你這一生，就白活了。

願你不負此生！

自序

選擇站起來，選擇表達自己

「討好」這個主題，一開始，我沒有想到會有這麼高的熱度。

在武志紅諮商工作室平臺上的第一個課程「攻擊性三十二講」爆紅之後，聽眾對於「討好」這個主題的討論占據了其中最大的篇幅。工作室邀請我對「討好」這一主題做更深度的解讀，並希望這個解讀能真正落實幫助受困於「討好」的受害者。

當時新冠肺炎疫情席捲各地，我們待在家裡，眼見那一場場的驚心動魄，只能在不確定的恐懼裡學習如何安頓自己和家人。疫情解封後，出現了一些有意思的現象：有些人大膽地提出了離婚，而有些人則確定要好好走下去。

在疫情警戒期間，每天近乎二十四小時的近距離相處，讓那些在一起的人終於搞清楚了，餘生，我們到底是要在一起還是分開。靜默即空間，讓我們重新思考，我們到底要過什麼樣的生活以及我們能為此做點什麼。

疫情後，我接受了一位新的個案，她正是為此而來。她說，她受夠了和老公無休止的爭吵，原本以為疫情會緩解他們之間的關係——最開始的恐慌以及彼此在困境中的相伴，給了她希望的曙光，然而這曙光很快就沒有了。她來此之前，上過很多課程，是一位非常努力成長的獨立女性，她困頓於和丈夫的關係，想要尋求改變。

很快地，我就瞭解到，她原來對老公百依百順，是一位超級討好型人格的「賢妻」。她傾盡所有，鐵了心要和丈夫攜手共度餘生。他們剛結婚的時候，老公沒什麼錢，家裡一切開銷都是她負責，後來做生意有了起色，但她花幾個小錢老公都要斤斤計較，並且，時常對她忽冷忽熱，一開始，她總是自我陶醉，覺得這樣的男人很有個性、很酷，男人的錢都是要去做大事的，將來這些錢不都是他們二人共有的嗎？

直到丈夫出軌，她才醒悟，自己以往的努力付出都是一廂情願。

痛定思痛，她決定掙脫這樣的困境。她說，這一場婚姻和這一場疫情，幫助她看到了自己以往是如何討好、如何卑微、如何不珍惜自己，又是如何在關係裡屢屢挫敗。她要從這裡爬起來，她還年輕，餘生不想再討好誰，她要過新生活。

能看到自己在哪裡、在經歷什麼，就有機會從困境中突破。一個人要真正尊重自己，會迸發出強大的救贖力量。

回首我這十幾年的臨床諮商案例，其中絕大多數都有「討好」的議題，大部分「討好」的關係模式是從上一代人學習到的。父母教會了孩子去「討好」他們，孩子將會得到誇獎、讚美和肯定，也避免了被遺棄的風險。

等到孩子長大成人，討好的模式便會被帶到親密關係裡。**小時候怎麼討好父母，長大後，他們就會怎麼討好伴侶以及對方的父母。面對一切和權威相關的人，他們就會自動啟動「討好」模式。**

如果一個人的主體意識沒有清醒，而他又很敏感，這種討好將會給他帶來一場悲劇。幸運的是，我們生活在這個時代，有豐厚的物質基礎為保障，受困者的精神世界必定會展開新的篇章。

如同疫情後來找我諮商的女士，在她過去三十年中，以及過往不少女性遇到這種情況最終都會選擇隱忍，但現在，更多的人選擇站起來，選擇表達自己。

這是時代的進步。透過挑戰，他們拿回屬於自己的尊嚴和地位，不再是另一個人的附屬品，也不是一個工具，他們的存在本身就是有價值的。

這也印證了最初「討好」這個主題引發熱議是有其必然性的。它呼應了新時代人們內心對於自由的深層嚮往，作為一個個體，每個人都渴望被尊重、被好好對待。

這本聚焦「討好」主題的書，也是具有挑戰精神的。它讓你無法逃避，無法無視那個可能已被忽略好久的自己；它也會幫助你深刻地看見自己、理解自己；它還會協助你一點一點地扎根，成就一個穩定的自己。

我在諮商過程中看到很多振奮人心的案例，案例中的主角勇敢地面對自己，乘風破浪。我也相信每個人都可以活出自己的精彩，戒掉「討好」，我們可以從自己開始，從這一本書開始。

書中每一篇章都有設計「練習」的附錄，如果你願意，可以跟著練習的內容實際操作，相信會有非常特別的收穫。

我要特別申明，這是一個邀請，而不是一個要求；你是自由的。

最後，我要感謝人民郵電出版社的編輯梁清波女士，她為我提供了一個很珍貴的抱持性空間，在我修改書稿的過程中給了我非常大的耐心、支持和理解；也要感謝出版社和編輯團隊對這本書提出的寶貴意見和建議，這幫助我直接面對自己的內心，使這本書的內容更加流暢完美。

還要感謝武志紅心理諮商工作室的夥伴們、我的個案們、我的微博粉絲、我的讀者，是你們給了我豐富的靈感及深刻的思考。

當然，還有我親愛的家人和朋友，是你們給了我最深層的情感滋養、最直接扎實的現實支持，使我有力量完成這本書。

目錄

PART 01

情感篇

看見與接納，深入內心的五組情緒

PART 02

思維篇

思考與覺察，讀懂關係中的五組邏輯

11 失去vs.獲得：在幻想中，拒絕別人就會被拋棄　146
12 存在vs.消失：如果我們不分開，我就永遠不會孤獨　156

PART 03

力量篇

改變與療愈，發展穩定自我的七個核心力

導讀

眞正的優秀，是爲自己而活

我想從「優秀」談起。

真正的優秀，是為自己而活。不知道大家有沒有注意到，從小到大，「事事爭優」這件事在我們身邊就沒有消失過。

一個孩子在與夥伴們的競爭中敗下陣來，父母會說「都是你不努力，才會輸給別人」；孩子成績一般時，父母隨口一句「人家的成績怎麼就那麼好」就能讓孩子沮喪地說不出話，自卑和嫉妒的種子就這樣慢慢發芽。

孩子長大了，進入職場，在人際關係方面感到非常吃力，父母又會說「你怎麼這麼笨，連人際關係都處理不好」。大家有沒有發現，這些所謂的「不優秀」都是外在世界——父母給孩子的回饋。就好像你優不優秀不是由你說了算，而是由他們決定。

為什麼孩子無法拒絕被這樣評判呢？因為這些回饋中有他們與父母深深的連結和認同，有孩子對父母的愛。孩子為了得到父母的愛，會竭盡全力。

害怕無法成爲父母眼中優秀的女孩

一個女孩給我講了她的故事。每一次她在競賽中獲獎，父母都很高興，但接著就會說：「你要是能得頭獎就好了，我們會更開心。」於是，為了讓父母開心，她繼續努力，父母則進一步要求她得區級一等獎、市級，甚至國家級一等獎。她很努力地拿到了市級獎項，可怎麼也拿不到國家級獎項。

她發現父母很失望，她也因此非常沮喪，甚至憎恨自己，為什麼自己這麼差勁。即使在同學眼中，她已經相當優秀，但她看到的永遠都是「我不夠優秀」，她的內心自卑而敏感。她很害怕看到別人眼神中的失望。

這些都來自父母對她的影響。成為父母眼中優秀的孩子，父母就高興；沒有成為優秀的孩子，父母很失望。優秀與不優秀似乎就在這不停變換的臉色中被定義了。

這個女孩一直向前奔跑，就是為了成為父母眼中「優秀的孩子」，只有這樣，她才能與父母心中美好的部分繼續連結。當她看到父母失望，甚至遠離自己時，感覺就像某種美好被毀掉了。

每個孩子都非常需要「好父母」，這對他們的心理發展至關重要。而為了得到「好父母」，他們會追捧優秀，不知不覺形成非常苛刻的超我人格，他們會要求自己，也要求身邊的人，只能優秀。

當身邊有人不優秀，他們也會表現得像父母那樣嫌棄、失望。他們內心只能接受自己成功、強大，絕對不可以有「失敗」、「弱小」這樣的詞語出現。怎麼樣？聽起來都覺得很緊張吧。至少對我來說，如果我身邊有一個這麼追求優秀的人，我會非常有壓力。

當生命只有一種上升的管道時，人不會自在到哪裡去。即便他已經極其優秀，並從這種狀態裡獲得了極大的自信，他仍然會覺得自己受到了限制。

形成假性自體的企業接班人

有一位男士生於富裕家庭，成長的每一步都被規劃好了，他一路讀名校，留學海外。他的父母非常渴望他繼承家業，把家族企業傳承下去。但是，一想到要接替自己的父親、成為家族企業的掌舵人，他就非常恐懼。

他抑鬱了。他說，他非常害怕自己不夠優秀，沒有辦法守住家族財富，不要說超越自己的父親，就連和父親相當都不可能。他說，在外人看來他的求學之路一帆風順，但其實他學習非常吃力，即便進了名校，成績在班上也總是倒數，最後是靠重修課程才勉強畢業。他喜歡音樂，但他的父母覺得這麼大的家業要由他打理，不能學藝術，只能學金融。

他的願望沒有得到支援，當他痛苦時，別人還覺得他矯情：「你家那麼富有，你還有什麼不滿足的？」他好像連難過的權利都沒有。

這位男士說，他從小就沒有話語權，家人為他設定的所有目標都是為了把他培養成優秀的接班人。他們很捨得為他花錢，但是一點都不瞭解他。當他表現不夠好時，父母會不高興，對他非打即罵，這讓他很害怕。有時候，他甚至懷疑他們是不是自己的親生父母。

這位男士之所以抑鬱，就是因為他沒有為自己而活，他也不敢為自己而活。由於覺得自己不夠優秀，他只能在生物性層面上活著，無法得到生活的滋養。

父母會因為各種各樣的原因貶低孩子，打擊孩子，他們一旦看不到好的結果，就陷入恐慌，給孩子施加壓力。在這種情境下，孩子會發展出一種假性自體。

假性自體，顧名思義就是戴著一個面具，以別人期待的樣子來生活，他們把最眞實的部分藏在心靈深處，絕不輕易示人。

擁有假性自體的孩子，雖然他們還是會朝著父母期待的方向努力，但是，他們會覺得自己像深陷淤泥的馬車，越來越使不上勁。

追求自傷式的優秀

說到這裡，我感到有點悲傷。哪個孩子在初來人世的時候，不是活力滿滿的呢？他們那麼依賴父母，也毫無保留地把自己交出去。正常的情況是，孩子在經歷徹底依賴父母的階段時，會透過依賴得到很多鼓勵、支援、自信，這讓他們有力量面對與父母的分離，走向真正的獨立。

但是，如果孩子在依賴階段沒有得到充分的滿足，在分離時就會出現困難，結果就是不能成為一個真正獨立的人。就像上述案例裡的男士，他是無法擔當家族企業傳承重任的。

可怕的自我攻擊也會像潮水一樣洶湧而來，這樣對自我的貶低，恰好也是被父母教會的。哪個孩子不需要得到父母的讚賞與認可呢？如果父母只看結果，看不到孩子在過程中的努力，就一味責怪，無疑是在毀掉孩子。

如果父母有機會覺醒、成長，那麼他們會收穫和諧的親子關係。如果父母一直沒有什麼改變，希望作為孩子的你，能夠有勇氣認清現實，勇敢地為自己而活。

當然，我們不是排斥優秀。如果你非常享受優秀，並從中獲得了很多樂趣，甚至越來越有創造力，那麼請你好好享受它。我在這裡說的情況，**是一種以過度消耗自己的方式追求的優秀，這是一種自傷式優秀。這種方式非常沉重，讓人疲憊，不能真正滋養我們。**

如果你一直在追求優秀的路上停不下來，經常把自己搞得疲憊不堪，甚至開始悲觀厭世，那麼我請你停下來想一想，這真的是你想要的優秀嗎？一個人若只是為他人而優秀，那就太悲哀了。真正的優秀要發自內心，在追求優秀的過程中，你不會覺得那麼委屈、那麼辛苦，而是享受追求優秀的過程。

優秀是一個生命本來就會到達的地方，只要把土壤準備好，在合適的氣候下，種子自會生長。

追求優秀的思維陷阱

追求優秀的過程中，常掉入的思維陷阱是：為什麼會追求所謂的「超級優秀」？哪怕付出失去自我的代價；因為「超級優秀」的背後有著巨大的益處。譬如，如果優秀，我就可以得到我想要的一切；如果優秀，我才配活著；如果優秀，父母就會愛我。

你看，這些都是人們想要的東西——物質、尊嚴與愛。但很少有人知道，越追求優秀，越容易掉入一些思維陷阱。

陷阱一：只要足夠優秀，就可以得到我想要的一切。

這是真的嗎？優秀是否等同於擁有了你想要的一切？有一個名叫小朋的男生，從小成績名列前茅，留學歸國後，在一家知名的設計公司上班，薪水很高。但有段時間，小朋竟然不能去上班，抑鬱到無法正常生活。觸發這一切的事件是公司新來的設計師。這名設計師沒有留學背景，但設計的產品非常有特色，很快就在公司有了不錯的口碑。

一次，有個重要的客戶需要一個非常有紀念意義的設計。公司讓小朋和新來的設計師都提出了設計圖。最後客戶選擇了新來的設計師，這給小朋很大的打擊，他開始懷疑自己是不是真的優秀。他一直以來都像天之驕子一樣順風順水，沒想到竟然敗給了一個學歷比他低的新同事。

一直以來，因為優秀，小朋得到了非常多的榮譽、讚歎、欣賞與豔羨。他靠自己的能力考上了非常好的學校，他想要的似乎命運都給了他，但他卻在這件事上遭遇了滑鐵盧。他很難接受這樣的事實，因為他一直信奉的是「只要我足夠優秀，我就可以得到我想要的一切」。

現實衝擊了小朋的自戀。他以前要風得風，要雨得雨，這讓他對自己的能力相當自信，這些自信成為他自戀的一部分，漸漸變成了一種自己「無所不能」的錯覺。這件事的發生，給了他一個相反的資訊：你再優秀，也不能得到你想要的一切。

難以接受現實的他被困在自戀受傷的挫敗裡，以至於無法工作。在接受了心理諮商專業的介入後，他才得以重返職場。

關於優秀的幻想一直在自戀的世界裡升騰，直到遭遇現實衝擊，才終於落地。

優秀，當然可以讓人們獲得更多的資源，這無可否認。但這不代表人們可以憑藉優秀擁有想要的一切。

陷阱二：只要足夠優秀，我才配活著。

有些父母會給孩子灌輸一些非常可怕的觀念。譬如，不優秀，不配活。這種觀念的殺傷力極強。想像一下，一個比你強大的人，一個一直以來被你仰賴的人，對你說「不優秀，不配活」時，你會有怎樣的感受。

電視劇《冷案》講了一個讓人心碎的犯罪故事。林慧從小就是父母眼中稱羨的「別人家的孩子」，她樣貌出眾，才情、能力俱佳，聽話懂事，品學兼優。她十八歲那年，考上了知名大學，前途無量。本以為她的故事會這樣完美地發展下去，誰料到，大考結束後，在拿到錄取通知書的第二天，她離家出走了。

林慧渴望自由，不想被父親規劃好的人生道路羈絆，不想忍受父親的高標準、嚴格要求。她想改變，但外出流浪的生活異常艱辛，她被壞人哄騙，來到了風月場所出賣肉體為生。而她的父親在電視關於掃黃的社會新聞裡看見了被臨檢的林慧。

他找到林慧的住處，大罵她噁心，甚至憤怒地嫌棄她說：「如果你想要的就是這種生活，還不如現在就去死。」他無法理解林慧內心的處境，更無法容忍這個他一手栽培的女兒如此墮落。氣急敗壞之下，他掐死了自己的女兒。直到最後，這位父親仍然用非常惋惜的口氣說：「林慧曾經是一個多麼完美的作品啊。」

這是一個讓人悲憤的故事。劇中林爸爸向孩子傳遞的資訊就是「不優秀，不配活」。可想而知，在十八年的生命裡，林慧活在怎樣的恐懼之下。她有深深的虧欠感，就好像父母給了她生命、養育了她，她就必須償還，只要父母提出條件，她就必須滿足。

所以當父母提出「你必須聽我的，你必須按照我的要求，你必須優秀，你必須完美，否則，你就等著被羞辱吧，你不配做我的孩子，不配活著」等苛求時，她也必須滿足。這當然是父母內在腳本的投射，但年幼的孩子根本沒有能力從這龐大旋渦裡跳出來，他們唯有順從、拼命優秀，以獲取這「活下來」的資格。

林慧在十八歲時替父親完成了考上著名大學的夢想，她以為終於可以過自己想要的生活了。雖然她不知道外面的世界，但她不想繼續過父親給她規劃的生活了，她努力從這個旋渦裡跳出來。林爸爸把自己內心對墮落的仇恨、對不優秀的蔑視，都投注在那雙狠狠掐住孩子脖子的手上了。他真的認為「不優秀，不配活」。

他創作出來的這個叫「女兒」的作品，既給他榮光，也讓他蒙羞。在他內心深處，女兒不是人，女兒只是一件作品，一個工具。如果你也有這樣強烈的羞恥感，覺得自己不優秀就想死掉，那麼你很可能掉入了「不優秀，不配活」的思維陷阱。你需要透過學習去識別這些陷阱，你需要明白那不該是你要走的路，也不該是你要承擔的責任。

陷阱三：只要足夠優秀，父母就會愛我。

很多人覺得沒有得到父母的愛，是因為自己不夠優秀。這當然也與父母傳遞的信號有關係。譬如，你考了高分，父母就讚揚你，給你買喜歡的玩具；你得了獎，他們喜笑顏開；你和鄰居打招呼很有禮貌，他們更是欣慰等等。

如果你沒有考高分，沒有得獎，沒有和鄰居打招呼，他們就開始喝斥、評判、指責。這很容易讓孩子覺得，只有我表現得好，父母才會愛我。這是不對的。我們應該明白，愛是不管我做了什麼，你都不離不棄，而不是一旦我做了讓你不滿意的事情，你就換了一副可怕的樣子，讓我感到原來的你已經離我而去。

在十幾年的臨床諮商裡，我聽到很多這樣的故事。被「只要足夠優秀，父母就會愛我」的幻想催眠的孩子長大後，會在各種關係裡尋找愛。他們感覺自己沒有被愛，至少沒有被充分愛過，於是，他們把這個願望放在了各種可能的關係裡，而達成願望的媒介就是讓自己變得足夠優秀。而「我要變得足夠優秀」又會在關係裡變成「我要滿足你對我的期待」。

電視劇《三十而已》中的顧佳就是這樣的角色。她有非常強的工作能力，卻為了丈夫、孩子，回到家裡相夫教子。一切看起來都很順利，她想要的都漸漸有了，但當她的丈夫出軌時，她整個人幾近崩潰，整個心彷彿都被抽走了。

為什麼呢？顧佳為家庭做了這麼多，是為了得到她最想要的東西——愛、丈夫對她的愛。但是，她的優秀沒有換來愛。對顧佳來說，這是相當大的打擊。好在顧佳及時醒悟，最終明白，愛與優秀沒有直接關係。

一個真正愛孩子的父母，就算孩子沒有成為他們期待的樣子，他們依然愛他。愛與優秀沒有直接關係。如果有人是因為你優秀才愛你，你要思考一下，他們的愛是否純粹。

優秀會讓我們感覺對很多事有掌控感，於是，我們會展開自戀幻想，認為「我優秀，我就可以掌控雙親的愛」。沒有真正被愛過的孩子，難以分辨真正的愛和虛假的愛，只會習慣性地認為原來那種用優秀換取愛的方式是有效的。

在一些重男輕女的家庭裡，無論女兒如何優秀，父母都不會愛她勝過愛兒子。父母愛不愛你，其實與你是否優秀關係不大，與父母愛的能力有直接的關係。如果父母本身缺乏愛的能力，沒有辦法愛你，自然會讓你感覺很挫敗。

真正優秀者的故事，不會有糾結與矛盾的，應該是要能聽出幸福感的。遺憾的是，很多人所謂的優秀都是用憂傷堆砌而成的。

孩子天生地愛父母，所有的小孩都曾是這樣。為了愛父母，孩子會做出很多調整，以適應父母的需要。譬如，父母需要一個優秀的孩子，那麼，孩子就努力讓自己變得優秀，這是一種對父母很深的認同。

如果你很享受這樣的優秀，並在這樣的優秀中感到舒服自在，那麼你可以盡情享受。但如果，你在追求優秀的過程中感覺不舒服、扭曲、壓抑、憤恨、無力，那麼非常有可能，你是在討好父母。

就像前文提到的林慧，她在拿到大學錄取通知書的第二天，就把通知書釘在父親的門上。那一刻，她想要終結自己討好父母的行為模式。她受夠了什麼都要聽從父親的安排，那是父親內心想要的，不是她想要的。她想從那一刻起，忠於自己的內心。

她的出走是令人心碎的。因為原生家庭的關係模式，她根本無法分辨好人和壞人，導致她的努力被壞人利用，最後不得不出賣自己的身體來度日，無法再忠於自己的內心。她對父親的討好，本質上是一個受驚嚇的小孩使用的防衛性策略。

懂事的本質是一種討好

討好，會壓抑一個孩子的生命活力，這種情況下的優秀是以透支未來的生命活力為代價的。

我們能看到很多小孩都有這樣的特質：懂事。懂事的孩子是悲傷的，也是委屈的。懂事被視為優秀的特質之一，要求人懂眼色、懂氣氛，面面俱到。懂事，也是最令父母欣慰的特質之一，但如果懂事不是發自內心的，而是因為受到來自父母的壓力，孩子認為不懂事就不是好孩子，那麼，這種懂事本質上就是在討好。

一位女孩對我說，她印象特別深的場景。有一次，一個小朋友來家裡玩，她的母親要求她分享自己的玩具，母親還說，對方是小妹妹，又是客人，作為主人，不分享是非常不禮貌的。

她說，母親的這番言辭給了她很大的壓力，雖然她不願意，但還是被迫分享了。她不敢不聽媽媽的話，因為，她的媽媽會以各種方式逼她就範。她說，她那時候還知道自己是不想分享的，還能感知自我的真實想法，但後來她就漸漸麻木了，不知道自己到底想要什麼、喜歡什麼。

她一路懂事的長大，卻越來越沒有自我。她按照父母的心意，考進一所不錯的大學，主修也是父母喜歡的科系。大學畢業後，她進了一家非常體面的公司，但是她很麻木，和人打交道讓她覺得非常辛苦。

在任何一段關係中，她都很容易被對方牽著走，總是以對方的意願為主。她經常不知不覺就做了違背自己本心的事，直到感覺疲憊，她才明白自己又過度關注別人了。

她每次產生要依照自己的想法活著的念頭時，很快就會被對母親的恐懼淹沒。因為恐懼，她無法忠於自己的內心。就像小時候，她並不想分享玩具，卻不得不分享；長大後，她同樣無法堅持自己真實的想法。

她一直都在為成為父母眼中懂事、優秀的孩子而努力，這嚴重影響了她的心理發展。

雖然她已經是成人，但在她的內心，她還是個孩子，那個受驚嚇的、隨時都在討好的、悲傷的孩子。

她無法真正展開自己的生命，也很難發展自己的關係，她像被困在了黑暗的墓穴裡，不知什麼時候才能重見天日。

活出自己的優秀

當孩子們不得不向恐懼屈服時，他們內心的摯誠與勇猛消失了，他們變成了工具，被調教成父母喜歡的樣子。若父母們知道自己的孩子活得這麼痛苦，他們還會那樣嚴厲地要求孩子嗎？

有一個叫「空心人」的說法，更生動地描述了這樣的狀況。**優秀，卻沒有心。你不再是你，你已經不是你。養育者有非常大的權力，可以給孩子打造夢幻的童年，也可以讓孩子背負長久的負擔，因此，養育者更要謹慎使用手中的權力。**

也許此刻看這本書的朋友已經不是小孩，甚至已為人父母，也許這本書可以讓你們有機會在養育孩子時，讓孩子們少受一些這樣的痛苦。

如果你遭遇過這些，而現在已經成年，你的生活也並不是沒有希望。因為，時代不同了，現在的我們更鼓勵開放、獨立。

願你從現在開始，不再討好，為你自己而活，忠於自己的內心，活出自己的優秀。

PART 01

情感篇

看見與接納，深入內心的五組情緒

五組與討好行為相關的情緒感受

恐懼 vs. 焦慮

羞恥 vs. 委屈

憤怒 vs. 內疚

悲傷 vs. 無力

孤獨 vs. 空虛

01

理解，就是深深地看見

成為真實的自我，意味著我們要承認自己的需求，承認我們對他人的需要，以及對失去他人的恐懼。唯有如此，我們才能找回內在的力量。

未被觸碰的情緒是一種內在的禁忌，是我們努力想要迴避但又渴望被療癒的課題。只有當我們能看見自己內在的創傷、匱乏與動機時，我們才能深深地理解自己。在理解中，我們將啟動療癒的力量。

看見自己的辛苦

你會不會有這樣的時刻，付出了很多努力，好像還是無法融入想進入的社交圈子；下了很大的功夫，也沒有讓自己得償所願。「沮喪」、「失望」、「脆弱」是這個時候出現最多的詞語。很多人就這樣因為無法「討好」、「適應」這個環境而慢慢抑鬱了。

在我看來，每個人的內心都有美好的願望。只是，很多人在走向美好的路上時很容易偏了方向，覺得自己應該做得很好；做不到的時候，就會對自己非常苛刻。對自己苛刻，這其實是我們對自己的攻擊，就好像自己應該是那個最強大的、最完美的人，做不到就是自己不對。

你有沒有看到，其實自己已經很辛苦了，很努力了呢？做不到的時候，本來已經很脆弱，很沮喪了，這時有人對你說「你就是不好，你就是很笨」，那種感覺就是雪上加霜。

每個人內心有強大的部分，也有弱小的部分，但強大部分並不怎麼喜歡，甚至有點討厭我們內心脆弱的那部分。它們想方設法地苛責我們內心的脆弱，試圖讓它快點改變、快點消失。

雖然脆弱的部分一直很努力，可它總是達不到標準，無法很快做出改變。我們內心的兩個陣營都覺得很挫敗、很矛盾、很難繼續共處。如果我們看不見這種衝突，就會對自己提出更高的要求。

我們會覺得自己很不好，還有很多努力的空間；同時，為了達到要求，我們拼命努力，把自己弄得像個機器，沒有情感，沒有想法，沒有需要。

今天達到這個目標，明天還會有更高的目標。永遠有目標，永遠看不到盡頭。

社會心理學的先驅，心理學家卡倫·霍妮（Karen Horne）曾表示，在追求強迫性的成功與完美的過程中，我們內在會有一股強大的驅動力，高舉著「應該」和「不應該」的旗幟，對自己能力的評估過於理想化，想要不停地實現自我超越。

在這個過程中，有些人學會在壓力中生存，他們看起來過得更滋潤了；而有些人則在這場自我提升的大戰裡，逐漸停滯、枯萎，覺得生活沒有意義。

如果你時常情緒低落、疲憊、覺得生活沒有樂趣，甚至莫名其妙地發火，那麼需要思考一下，自己能在壓力下堅持多久，以及是否需要重新思考自己生命的意義、思考到底為什麼而活。

當你把自己當作一個人時，你會體諒自己正在經歷的辛苦，也許你會對自己手下留情，而不是一味地鞭策自己。

看見自己的勇敢

被很多情緒淹沒就彷彿被捲入巨大的旋渦，會令人產生一種很深的痛苦。

在畏懼面對現實、害怕陷入情緒時，很多人會選擇性地忽略自己的痛苦。對於內在，否認、壓抑、情感隔離等心理防衛機制會在意識層面把我們的感受與情緒隔離開；對於外在，我們也能找到很多理由忽略痛苦，譬如，把它當作禁忌，閉口不談。

不少參加過課程的朋友對我說，家裡如有年輕一輩的親人因為某種原因離世，家人不准大家談論自己的悲傷，認為這不吉利。

神秘力量的暗示通常產生強大的影響力。因為擔心對家人不好，很多人選擇將痛苦埋在心裡。

不被觸碰、未被處理的痛苦不會被人的潛意識遺忘，它們可能會攪得人心神不寧，煩躁失眠；它們可能在心裡生根發芽，日益影響我們的生活，讓人無法忽視它們。

兒童精神分析學家安娜．佛洛依德（Anna Freud）曾提出「否認」的防衛機制概念。它表現為直接拒絕接受現實，阻止自己對某個事實產生認知。也就是說，如果發生了難以應對的事情，人很有可能會拒絕感知或否認它的存在。

這種心理防衛機制是極其常見的。人在痛苦時，這個防衛機制會自然而然地打開。「否認」只是為了保護我們在當下免受更加強烈的衝擊，但如果我們一直處在否認中，就相當於一直活在幻想中，這永遠無法讓我們真正地面對現實。

不要忘記，事實就是事實，是無法被潛意識否認的。它會在我們有一點心理空間的時候悄悄浮現，促使我們面對。面對，就是去看見；不想看見，就永遠過不了這個坎。

成長總是伴隨著疼痛。這些疼痛包括幻想的破滅、舊的價值觀與信念的坍塌、真實世界的挑戰，以及令人難以忍受的不確定性。這些都會不可避免地激發我們內在的情緒感受。很多人會勇敢的「看見」這些情緒，他們冒著被負面情緒吞噬的危險，蹚進一條條情感的河流，他們不恐懼嗎？

當然不是，他們也很恐懼，但這並沒有使他們停下腳步。他們帶著恐懼往前走，呈現生命渴望成長和自由的力量。

心理分析學家榮格（Carl Gustav Jung）認為，人是可以持續成長的，一個人終將成為他自己，完成一種整合性的、不可分割的，但又不同於他人的發展歷程。

我有足夠的理由相信，你也有這個力量。你沒有放棄成長，你明知前路迷茫，但是，你還是選擇了上路。請相信自己，你的內在潛意識也會帶領你穿越黑暗，到達黎明。願你能看見自己的勇敢。

看見自己的無力

我們常常會感到憤怒、焦慮，但只在極少的情況下感到無能為力。事實上，一個人的終極憤怒是指向自己的，即對自己無能為力的憤怒。

人類有自戀的需要，要發展並增強對世界的掌控感，但是，人類也不得不面對一個基本事實：很多事情，自己搞不定。譬如，過去的一分一秒，你沒有能力把它們找回來，重新來過。又如，你的孩子因為一件事情大喊大叫，你做了你能做的一切，但他還是不聽話，你無法讓生氣的情緒消失，情緒來了就是來了。

卡倫．霍妮（Karen Horney）表示，當我們發現自己無能為力時，我們的內心就會變得脆弱、卑微，並為此感到羞恥、恐懼。為了抵抗這種對脆弱與卑微的恐懼，我們便想追求「報復性的勝利」。現代社會的競爭日趨激烈，這也讓我們更加迫切地想要證明自己，在這個過程中，我們的內心越來越難以平靜。

具備討好型特質的人就是這樣，他們經歷了很多覺察、反思、嘗試，但還是不斷地掉進坑裡，一次次對自己憤怒，一次次恨自己無能為力。

許多擁有討好型人格的人，甚至會因為自己的能力不足以讓別人開心而懊惱。這也是恐懼自己無能為力的一種表現。對自身無能的憤怒反映的是對失控的恐懼。如果可以駕馭自己的恐懼，又何必討好別人？

一些人失戀後會不斷翻查對方在社交媒體裡的訊息，明明知道，即使雙方和好，也是傷害自己或相互傷害，但就是忍不住想和對方聯繫。「忍不住」就是對自己思念之苦的無能為力。

這些情緒當然需要被我們看見，如果選擇性地忽略它們，那麼你會發現，眞正的踏實感始終無法到來，眞實的力量也無法住進自己內心。

成為真實的自我，意味著我們要承認自己的需求，承認我們對他人的需要，以及對失去他人的恐懼。唯有如此，我們才能找回內在的力量。

看見自己的希望與愛

如果你還在挑剔自己，我要先恭喜你，至少你對自己還有希望。但是，如果你過度挑剔自己，那麼你有可能正在以傷害自己的方式熄滅自己的希望。

事實上，如果我們用心去看一件事情，就總能發現藏在它背後的積極願望。每個討好行為的背後一定有需要你去維護的、你認為更重要的東西。這就是我們要看到的。

接下來，你會看到不同的故事，我會闡述我對它們的理解。在這些故事裡，我們能看到當事人的艱難，更能看到他們的英勇，因為，所有行為背後都有希望在。

正因為不想一拍兩散，才和對方妥協。正因為太恐懼關係破裂，才會暫時委屈自己。正因為對自己的無能為力感到羞恥，才要求自己把一切都做好，讓別人無可挑剔。

我們奮力保護的是一個個生存下來的希望，愛的希望。

人類是需要情感連結的。每個人都生活在關係裡，沒有人可以脫離關係而完全獨立存在。關係必然包含愛。愛有多重要？如果說，食物滿足了我們身體的需求，那麼愛就滿足了我們情感的需求。沒有愛，人的心靈之湖就會乾涸。

來找我做心理諮商的人，無一例外，都想被愛，也想去愛。我想，不僅僅是他們，所有人的內心都需要被愛、被回應、被看見。

武志紅老師曾說：「自我成長與真愛，總是互為鏡像。當你越是成為自己，愛越容易出現，愛累積越多，你越容易成為自己。」

而這一切都可以先從愛上不完美的、動態的、成長中的自己開始。看向自己的內心，就是在給予自己愛；看見自己的痛苦，就是在愛自己；對自己的感覺更好一些，對自己的無能為力更包容一些，就是在愛自己；看到動態成長的自己，看到自己的堅強與努力，看到自己的侷限與脆弱，也是在愛自己。

我們是不可能不改變的。隨著社會的變遷、年齡的增長、經歷的事情變多，我們都會改變。當我們有能力愛一個動態的自己時，我們才有能力給予他人更高層次和穩定的愛，從而更舒適地享受愛與被愛的關係。

懷著這種心情和內在生命力所做的一切，都可以讓你活得更好——有尊嚴，有體面，有愛，有希望。

現在開始我們的心靈之旅，準備好，我們一起前行。

01 練習

尋找內在的安全基地

本書的「練習」都會涉及書寫療癒，所以你需要一支筆、一個本子，為連續性地書寫一些文字做準備。希望你能準備一個專門的本子書寫記錄。

我建議你把這本書當作一個工具來使用，如果時間允許，可以每天讀一小節，然後配合當節的練習來連結療癒的力量。做完整本書的練習大概需要一個月。

特別要提醒大家，做練習的過程中，安全是第一要件。

任何時候感到不舒服，就要停下來評估一下，自己是不是還能繼續。不能的話，就停止練習，等到自己感覺可以的時候再繼續；也可以進入我在下文提到的安全基地，補充能量，在保證自己安全的基礎上深入情感體驗。不要著急，慢就是真正的快。

我建議每一位想要做這個練習的讀者朋友都先來做一個內在安全基地的練習。文中這些練習在未來，你既可以經常練習，也可以在書寫的過程中遇到難受的情緒反應需要休息及情緒補養時，隨時回到這個安全基地。

現在你需要十五至三十分鐘不被打擾的時間。這是你給自己的寵愛，而你值得這樣的照顧。

- 找一個安靜的地方，保持舒服的姿勢，無論坐著還是躺著，我們將用深呼吸幫助自己慢慢放鬆下來。閉上眼睛，通常我們會從吸氣開始，有意識地把吸氣和呼氣變得深一些，長一些，再深一些，直到你的極限。吸氣——呼氣——
- 繼續保持你的呼吸，你將能夠注意到吸入和呼出的氣體經過自己鼻腔和咽腔的感覺，以及胸腹部的擴張和收縮。
- 將呼吸變得緩慢和輕柔，漸漸地，你的身體也會跟著放鬆下來。接下來，請慢慢地將你的意識從紛繁的外在轉移到你的內在。把那些還沒有做完的事情暫時放下，你可以安心地與自己待在一起。
- 此刻，在你的內心找一個安全的地方，這個地方使你感到非常的放鬆、舒適和信任。這個地方只有你一個人能夠進入，你也可以隨時離開。

如果你找到了，看看這是一個什麼樣的地方。這個地方，你可以按照自己想要的方式布置，還可以帶上你喜歡的，可以為你提供滋養的物件，它們都可以陪伴你。

我們把這個地方稱為內在的安全基地。如果在尋找安全基地的過程中出現了不舒服的畫面或感受，請允許它存在，同時繼續聚焦你的目標，你只是需要找到能讓你感覺到美好、舒適、安全，能給你帶來滋養的地方。

有的人可能很快找到內在的安全基地，有的人可能需要花的時間久一點，這些都可以。當你能夠連結那個安全基地，花一些時間，感受它的存在，你可以在裡面做任何你想做的事情，從那裡獲得滋養和力量。

如果你的安全基地絕對安全，就請你用自己的身體設計一個特殊的動作，做這個動作，你就可以隨時回到這個安全基地。

結束你的這個動作，平靜一下，慢慢地睜開眼睛，回到自己所在的空間，回到現實世界中。

當你在接下來的練習裡遇到困難和痛苦的時候，就可以用你的身體做出這個動作，進入你的內在安全基地，從而重新獲得放鬆和平靜。

現在，請記住你的安全基地，帶著這個安全的感覺，我邀請你給自己寫一封信，內容是接下來的三十天，你將怎樣好好對待自己。這是一個開始的儀式，也是對自己的願景和承諾。

等一等，慢慢感受，確認那些話發自肺腑。不必在乎文筆是否優美，你只需讓內心的話像水一樣流出來。字數可多可少，寫完後，讀一讀這封信。

02

恐懼 vs. 焦慮：被放大的死亡威脅

恐懼的程度影響焦慮的反應，而焦慮的程度影響外在反應。不停地做讓別人高興的事，也是焦慮的反應之一。這種行為體現了人內心深深的恐懼。

擁有討好型人格特質的人最常見的情感體驗是焦慮，這一點我相信很多人會產生共鳴。習慣討好的人，時時刻刻處在焦慮中。

焦慮是一種怎樣的感覺呢？心慌氣躁，做什麼事情都不踏實，著急緊張，容易衝動，猶如熱鍋上的螞蟻，被強烈的焦灼感煎熬，使人想要逃離。但對人而言，只要活著，就會焦慮。

擴大地說，我們總會受到各種死亡的威脅；縮小地說，生活中無法避免的失控、挫敗，都會讓一個容易焦慮的人更加焦慮。

卡倫．霍妮（Karen Horney）表示，人的基本焦慮源於安全感的缺失。沒有安全感，就總想做點什麼，在某種程度上緩解安全感缺失帶來的痛苦。所以，我們可以這麼說，**焦慮的人活在未來，他們當下的任務是專心致志地擔心未來。他們在爲未來焦慮的時候，往往會錯過很多當下的風景**。

就算是明白了會錯過，也依然想逃離，對他們來說，停留在當下太焦慮了，這種感覺太痛苦了。

面對上司的恐懼，導致必須討好的焦慮

有位女孩說，她一見到上司就非常緊張。要是上司心情好，對她笑，她就會安心；要是上司不高興，垮著個臉，她就如坐針氈，沒有辦法專心做當下的事，總忍不住想昨天發生了什麼，是不是自己做得不夠好，還是自己不小心惹上司不開心了。

她就這樣活在擔心裡，猜測上司不高興的原因，想用最快的速度做出應對，討上司歡

心。可想而知，太過焦慮、過度擔憂會讓人精力分散，工作也很容易出差錯。而一旦出錯，她就更緊張，更想把事情做好，但結果往往更糟糕。她本想透過把事情做得更好，換一個安心，結果天天都在擔心。

每個人都體驗過焦慮。一般性的焦慮，可以透過意識層面的瞭解消除。譬如，一個人身體不舒服，擔心得了什麼可怕的病，就去醫院檢查。檢查結果出來後，他發現自己沒什麼大毛病，只要注意飲食、睡眠充足、規律運動、安排好生活，就不會有什麼大問題。

這種焦慮不會給人帶來壓倒性的影響，反而可以提醒我們更好地照顧自己。

但為什麼有的人檢查後，還是非常焦慮，明知結果正常卻仍然疑神疑鬼？從理性角度分析，這件事情與內心真正認可、接受的事情之間出現斷層，那麼意味著還有更深層的東西沒有被意識到，沒能被表達出來。

我問那位害怕上司的女孩：「你這麼緊張，看起來好像在戰鬥，你覺得是嗎？」

她說：「好像是有點。」我又問：「如果這是一場戰鬥，就意味著有很大的危險，有敵我雙方。那麼，你覺得你的上司很危險嗎？」

她說：「其實，從理性角度分析，我知道他沒那麼可怕，也不會把我怎樣，但我就是害怕他那張臉，覺得他像魔鬼一樣，我要時刻防備著。嗯，好像在公司裡，我不只害怕上司，哪怕是普通同事，我也害怕，為了讓他們滿意，我總是做很多額外的工作。」

讓人們焦慮的深層原因是恐懼，越恐懼越焦慮。討好者為什麼會恐懼？因為力量懸殊。討好者總覺得自己是弱小的、無能為力的，而對方是強大的，地位穩固，很難動搖。

討好目的只是減低恐懼嗎？

討好者內心有一個驚恐的小孩。超級討好者的內心是一個極其驚恐的小孩。為了保護這個小孩，討好者會使出渾身解數，只要有一線希望，他們就不會放棄。

有的恐懼說得清楚，譬如，「如果我不討好他，他就會懲罰我，一直糾纏我，甚至報復我」。而有的恐懼可能無法言說。通常，說不出來的恐懼級別更高，影響程度也更大，所產生的焦慮也更強。

一些焦慮是外顯的，就像那個害怕上司的女孩；也有一些焦慮會轉化成身體上的症狀，這是為了應對恐懼。

女孩曾經這樣向我描述她體驗到的恐懼，那是一個夢。夢裡的她在奔跑，身後有個帶著黑色面紗的「鬼」在追她，最可怕的是，那個「鬼」的手中還拿著一把剪刀。後來，她被逼到一個角落，那把剪刀架在她的脖子上，她處在生死攸關的時刻，她被嚇醒了。

當時，她想換一份自己喜歡的工作，可是家裡人不同意，也不高興。換工作的強烈意願，讓她覺得很危險，她認為自己沒有聽家裡人的話，不是一個好孩子。

我聽到這個夢時也感覺驚悚。

這個女孩看上去比較平靜，我很難察覺她內心深處的劇烈震盪。但顯然，這個夢已經把她對不聽家人的話的恐懼表達得淋漓盡致。夢中的她離死亡很近。

幾乎所有恐懼都指向一個方向——死亡。但並不是每個人都能體驗到這個部分。就像這個做夢的女孩，她的意識層面連結不上恐懼，只有在夢裡，恐懼才會浮現。絕大多數人的潛意識會對深層的死亡恐懼進行防衛。

凡是和死亡連結的，我們的潛意識都會想辦法阻攔，因為如果真的讓這個恐懼暴露出來，自我有可能會碎掉。

我們的潛意識把這一恐懼留在身邊，牢牢看管，即死亡恐懼被壓抑至潛意識的最深處。有時候，自己也無法理解自己做的事情，但那一刻的確那麼做了，譬如，潛意識地去討好。

自己明明很恐懼，卻迎上去，熱情地猜測對方喜歡什麼。似乎只要能取悅對方，自己的恐懼就會減弱。在整個過程中，討好者幾乎沒有思考，遵循自動化的反應模式。

恐懼就像一個幕後操盤手，催促著人在不清不楚的情況下做出很多讓他人滿意的事情。如果討好的目的是減輕恐懼，那麼這個目的似乎達到了。但為什麼還有那麼多討好者在痛苦呢？

顯然，減輕恐懼不是終極目的。討好行為換來的恐懼的削減，只是暫時的。上司高興了、家人高興了，我們的恐懼就減弱了。但是，他們總有不高興的時候，有時他們臉色一變，我們心裡的警示燈就又亮了。就像看到起火，得打起十二分精神應對。只要警示燈滅了，恐懼就又回到了原來的水準。就好像有觀察員在值班，一旦有異樣，就會再次報警。但長此以往，精力被大量消耗，我們覺得自己越來越脆弱，越來越難應付。

不去討好別人，我會死嗎？

討好者基本伴有敏感性心理特質，外界發生各種情況後，引發其心理反應的臨界值極低；他們擅長察言觀色，對任何風吹草動都恨不得立即給出反應。

如果去瞭解討好者的故事，你會發現，他們在很小的時候，就建立了這樣的行為模式。譬如，在一些經濟負擔沉重的家庭中，看到父母愁眉苦臉，孩子不僅不哭鬧，甚至會主動扮可愛，讓父母盡可能放鬆。為了讓父母高興，孩子會傾向於發展討好的特質。

對死的恐懼及對生的渴望，是人類發展出適應非常環境的重要技能。要在恐懼中生存，人類就需要發展出適應環境的能力。

敏感是這樣的能力之一。因為敏感，你可能比別人更快地做出反應，但也很有可能，因為過度敏感，做出過度的反應。

前面我講過，恐懼的程度影響焦慮的反應，而焦慮的程度影響外在反應。不停地做讓別人高興的事，也是焦慮的反應之一。這種行為體現了人內心深深的恐懼。

但你有沒有想過，這些恐懼是真實的嗎？如果不這麼做，會怎樣？你可能會毫不猶豫地說：「當然是真實的啊！我真切地感到恐懼撲面而來。如果我不聽那些人的話，不把事情安排好、做完美，如果我不乖巧懂事……無法想像啊！不這麼做，我會死掉！」

現在我要對你說：「你的情緒是真實的，那一刻真的存在著，你無法想像卻籠罩著你的恐懼。」但你說：「不這麼做，我會死掉！」

這是真的嗎？它有沒有可能是一種放大了的死亡威脅，像影子一樣跟著你？準確地說，你感受到的恐懼只是讓你覺得自己會死，不是你真的會死，或者說，你不一定會死。這可能會挑戰你常見的認知。

在我十幾年臨床心理諮商生涯裡，我發現，很多時候，我們都是在與信念和幻想工作。很多人一開始非常頑固地堅持自己的想法，認為他人不理解自己的痛苦。

隨著諮商的深入，一些情感被消化，我們這才有機會重新審視自己的信念：「我不這麼做，就會死嗎？」當一個人堅定不移地認為「不這樣做，自己會死」時，沒有什麼能攔住他，讓他不這麼想。人會本能地自救，這無可厚非。

如果原來的行為模式經常困擾你，讓你痛苦不堪，那麼你也許可以試著用開放的心態問自己：「不去討好別人，我會死嗎？」

我知道這樣做不容易，但它值得你去做。恐懼與焦慮，是我們的祖先為了適應環境而發展出來的原始、本能的情緒體驗，這其中當然有一些積極意義，譬如它們促使我們迴避危險、勇於進取、積極探索、不斷創造。

但過度的恐懼與焦慮會讓我們忘掉真實的自己，疲於應付外在的矛盾和衝突，從而壓抑我們人格核心的自主性與創造性，而這恰恰是我們最有生命力的部分。

當我們不再疲於應付內在的恐懼與焦慮時，就會發現：生命中有更多美好的事、更豐富的可能、更大的意義，在等著自己去探索和體驗。

02 練習

對恐懼與焦慮的體驗

請準備十五至三十分鐘不被打擾的時間。這是你給自己的寵愛，而你值得這樣的照顧。

- 找一個安靜的地方，保持舒服的姿勢，無論坐著還是躺著，我們將用深呼吸幫助自己慢慢放鬆下來。閉上眼睛，通常我們會從吸氣開始，有意識地把吸氣和呼氣變得深一些，長一些，再深一些，直到你的極限。吸氣——呼氣——
- 繼續保持你的呼吸，你將能夠注意到吸入和呼出的氣體經過自己鼻腔和咽腔的感覺，以及胸腹部的擴張和收縮。
- 將呼吸變得緩慢和輕柔，漸漸地，你的身體也會跟著放鬆下來。接下來，請慢慢地將你的意識從紛繁的外在轉移到你的內在。把那些還沒有做完的事情暫時放下，你可以安心地與自己待在一起。
- 請你繼續保持緩慢而輕柔的呼吸，並同時保持與內在的連結。

試著思考這樣一個問題：「你對恐懼和焦慮的體驗是怎樣的？」

用一些詞、短語或一段話將它們描述出來。如果你想對你的恐懼和焦慮說幾句話，那是什麼話？你的恐懼和焦慮會怎樣回應你？請寫下這些句子。想到後就停下來，把剛剛感受到的、想到的寫在你的本子上，你也可以把它讀出來。

在這個過程中，如果你感覺到明顯不適，請隨時停下來，確認一下，是否還可以繼續。你可以做一點其他事情轉移注意力，或者進入自己的安全基地，在那裡補充能量後，覺得自己可以，再繼續。

你也可以找一個可靠安全的人，陪著你做這個練習。

03

羞恥 vs. 委屈：求求你看看我，我很好

那些重複了幾次同樣的痛苦，仍然沒有太大變化的朋友，可能是因為他們內在的力量還不夠強大，沒有準備好面對更深層的疼痛。越是深層的痛苦，越容易讓人體驗到羞恥與無力。

羞恥和委屈很難被觸碰。如果你還沒有看到自己的羞恥和委屈，那麼不要責怪自己。

我聽過很多女孩為了喜歡的男孩投入大量的時間和金錢，最後卻被男孩拋棄的故事。在這種關係中，女孩是以討好為主要行為模式的。

女孩享受這段關係嗎？一定有享受的部分。不然，她為什麼會為那個男孩投入大把的時間和金錢啊。她享受被那個男孩所愛的感覺。但這種感覺好像不是從男孩那裡獲得的，

而是用她的各種付出交換來的。

愛情無法用金錢買到。不僅買不到，還有很大的機率是要花費高昂的時間成本、人力成本、情感成本。如果情感的流動不是發自內心，那麼彼此的關係就會出現讓人不享受的部分。

當女孩覺得自己必須靠給男孩花錢才能讓男孩高興，他才能陪伴自己，甚至愛自己時，意味著女孩已經把自己的位置放低了，呈現一種卑微感。這種卑微感裡含有對自己的蔑視，也含有對他人蔑視自己的擔心。

一味地滿足、討好對方，對方就容易變成對你施加情感暴力的「渣男」，但他們不想離開，因為他們既可以花你的錢，又不需要付出你想要的愛。在關係日益親近的時候，女孩的委屈會增多，不知什麼時候，就會發脾氣。但男孩可不吃這一套，他們打心底裡看不起這樣的女孩，也不會真正尊重她們。

不被接納的挫敗，產生強烈的羞恥感

一位女孩對我講過這種感覺。她和男孩還是沒有一起走到最後，原因是她發了幾次火後，男孩說：「你怎麼不是我之前認識的那個樣子了？那時候你從不發火。」看到這裡，你可能會有一些情緒湧現吧。男孩的情況我們就不分析了，我們回到女孩的角度來。

我問她：「那你有什麼感覺？」她說：「我覺得很羞恥。我花錢，一片真心地對他，原來在他眼裡，我壓根就不是一個正常人。他認為，我應該是沒有負面情緒的人。他說話的語氣，真讓我受不了。他說，你怎麼變了呢。我非常痛苦。在這段關係裡，我不計成本地投入，盡可能讓他高興。好多次，我確實不高興，卻也壓住了自己的火氣。現在，我壓不住了，才發現他原來是這樣看我的。」

女孩受不了的是男孩不接受她真實的樣子。這對她而言就像巨大的羞辱。她想起，這麼多年來，自己在一段又一段親密關係裡努力換取尊重和愛，但每一次都失敗了。

她非常難過，那一刻，她很想說：「我只想讓你看看我，我很好。我真的很好。」

在她的成長過程裡，被接納的體驗太少，以至於她總認為是自己不夠好，所以父母才不喜歡自己，她要變得非常好，讓他們喜歡。

她回憶和父親的相處，父親總會用一種嫌惡的眼神和語氣否定她、打壓她，這讓她感覺到自己非常糟糕，甚至一度產生這樣的想法：既然父親這麼不喜歡她，為什麼同意母親將她生下來呢？當男孩對她說她之前不是這樣時，這種感覺再次出現了，一種強烈的羞恥感撲面而來。

「為什麼我要活著啊？為什麼我要被這樣看待啊？是我不努力嗎？是我的錯嗎？好難過啊，心痛的感覺仿佛要把我活在世上的最後一抹企盼都帶走，那一刻，我真的感覺生無可戀。」

從一定程度而言，恐懼和焦慮源自生存的本能。女孩經歷不被接納的挫敗後，壓在心底的羞恥感迅速彌漫開來，仿佛最後一點保持尊嚴的衣服都被扯掉了，剩下一個傷痕累累、可憐的自己裸露著。

我們常說生命最寶貴，但有一些人，覺得尊嚴比生命更寶貴。

討好者的魔咒來自原生家庭的親子關係

一再喪失尊嚴的女孩一直在關係裡努力，希望借此獲得自己想要被他人接納的感覺。在她與男孩的關係中，也許她覺得安全一些了，就發了火，沒想到命運給她的回饋這麼殘忍。她沒有得到她想要的愛，也沒有得到她想要的接納。

男孩的評論就像父親當年嫌惡的眼神一樣，讓她體無完膚，顏面無存。她只是想證明「我真的很好」，就像一個小女孩在內心哀求冷酷的父親：「求你，看看我，喜歡我。」

想起自己為家庭做的一切努力——給家裡錢、供養弟妹、買房子，她的錢幾乎都花在除自己以外的別人身上。她覺得非常委屈，她想表達的無非是：「你看，我真的很好，你能不能愛我？」

可是，她一次又一次地跌倒，一次又一次地難過委屈，她問自己：「我為什麼要做這麼多啊？」聽著她的講述，我也感到非常悲傷。

「愛一個人，為他低到塵埃裡。」親密關係裡的討好包含那麼深的羞恥與渴望，壓抑了那麼多真實的情感與需求。當對方猝不及防地說「再見，你不是我想要的那個人」，之前所有的熱情都被冰凍了，彷彿被置於海底冰川，再也無人問津。

委屈與羞恥就像一對孿生姐妹，但很多人不容易感覺到羞恥，比較容易感到委屈。

一個人在關係裡有付出感和犧牲感時很容易體驗到委屈。就像這個故事裡的女孩，她小時候沒有得到很好的照顧，父母對待她的方式一度讓她懷疑活著的價值和意義。但她放棄自己的感受、想法和意志，不斷犧牲自己的利益，幾乎毫無保留地回報原生的家庭，只是為了獲得一處容身之地。

她說，在自己有能力去外面求學時，她選了離家鄉比較遠的城市，她想過逃離，本以為自己已經逃離了做討好者的魔咒，沒想到幾次戀愛就將她打回了原形。

在痛苦中勇敢地凝視現實

一個人若沒完成親密關係的功課，那麼他會在其他親密關系裡尋找新的改變機會。這個改變，通常是從重複開始的。就像故事裡的女孩，她在幾次戀愛經歷中，都在複製同樣的關係模式，她每次都會受傷、憤怒、難過，恨不得立刻終止關係、遠離這樣的痛苦。這都是改變中的一環。

如果你願意努力，就會發現，痛苦帶給我們的除了消極的感受，還有一種虛幻的「希望」。就像飛蛾，明知可能性命不保，為什麼還要撲火？當然是因為：那裡有「希望」。

我問那些在股市裡虧得一塌糊塗的朋友：「你都虧這麼多了，為什麼還不撤呢？」他們普遍會說：「因為有希望啊！誰知道什麼時候，我又賺回來了呢！」

這種心理與一些人處理親密關係時的心理是一樣的。每一個奮不顧身的人，內心都有一個希望。他們活在自我編織的幻想中，不肯勇敢地凝視現實。

僅僅重複苦難，是沒有得救的機會的。精神分析學派創始人心理學家西格蒙德．佛洛依德（Sigmund Freud）在 1920 年發表的論文《超越快樂原則》中提出了「強迫性重複」的概念。所謂「強迫性重複」，即我們為了給自我治癒創造條件，會製造創傷情境使自己反覆體驗相同的創傷，透過體驗讓自己「麻木」，或者期望自己或對方在一次次重複中能有不一樣的表現，從而修復這種創傷。

沒有覺察，沒有反思，人就會繼續在「希望」中重複這些痛苦。有些人慢慢適應了這種痛苦，有了「麻木」的感覺；還有些人雖然痛苦，卻一直在繼續這種模式，直到這種模式非常明顯地影響生活和工作，痛苦也達到一定程度時，他們才想要尋求改變。

只有從過往的經歷中反思，在當下的痛苦中警醒，才能看穿虛幻的「希望」，真正地突破「強迫性重複」。

有些人會特別喜歡責怪這些痛苦，大概是因為他們還沒有從痛苦中進行清醒的覺察。試想，如果這個女孩在經歷第一段、第二段感情時，就有所覺察（我們的關係裡發生了什麼？為什麼我會這樣對待他？他又為什麼會那樣對待我），那麼，她極有可能面對另一種情形，在遇到一段新的關係時，她會更加慎重，自己受到傷害的可能性就會減少一些。

生活不會辜負善於思考和覺察的勇者。那些重複了幾次同樣的痛苦，仍然沒有太大變化的朋友，可能是因為他們內在的力量還不夠強大，沒有準備好面對更深層的疼痛。越是深層的痛苦，越容易讓人體驗到羞恥與無力。

英國心理治療師伊米·洛（Imi Lo）表示：「羞恥感是不自信的表現，在潛意識裡我們會認為自己能力不足，總覺得有一種不配得到感，認為別人一旦瞭解真實的自己，就會拒絕自己、離開自己，因而壓抑真實的自己，活在委屈之中。」

如果任由羞恥感過度貶低那個真實的自我，那麼人就會變得畏縮與自卑，生命的活力就會被扼殺。同時，壓抑的背後又會有破壞性的補償和發洩，而那股破壞性的能量，恰恰是受傷的自己製造的。

人的羞恥感在一定程度上推動了人類文明的發展，但過於強烈的羞恥感，其實是因為沒有把自己當人，覺得人應該完美，而這是不可能的。我們應該正確看待自己的羞恥感，承認自己有做不到的事情、有控制不了的事情，這是正常的；我們會感到羞恥，這也是很正常的，因為羞恥感也是人類感受的一部分。

請尊重我們生命中的羞恥與無能為力，也請尊重已經出現的委屈及各種情感。我們是人，會有人的脆弱，不要過度責備自己，同時相信我們具備人類這個物種所具備的偉大的勇敢。

看見自己的勇敢，即使一次又一次踩坑，也一次又一次爬起來繼續往前，這就是生命的力量。我對每一粒生命的種子保持敬畏，我相信，每一個生命都在為自己的美好未來而努力。

03 練習

與羞恥和委屈對話

請準備十五至三十分鐘不被打擾的時間。這是你給自己的寵愛，而你值得這樣的照顧。當你寵愛自己時，你將變得寧靜富足。

- 找一個安靜的地方，保持舒服的姿勢，無論坐著還是躺著，我們將用深呼吸幫助自己慢慢地放鬆下來。閉上眼睛，通常我們會從吸氣開始，有意識地把吸氣和呼氣變得深一些，長一些，再深一些，直到你的極限。吸氣——呼氣——
- 繼續保持你的呼吸，你將能夠注意到吸入和呼出的氣體經過自己鼻腔和咽腔的感覺，以及胸腹部的擴張和收縮。
- 將呼吸變得緩慢和輕柔，漸漸地，你的身體也會跟著放鬆下來。接下來，請慢慢地將你的意識從紛繁的外在轉移到你的內在。把那些還沒有做完的事情暫時放下，你可以安心地與自己待在一起。
- 請你繼續保持緩慢而輕柔的呼吸，並同時保持與自己的連結。

現在我們將注意聚焦在下面的內容上。

你有過哪些羞恥和委屈的體驗？那是一種怎樣的感覺？試著去感受，花一些時間，慢慢地讓這些感覺和你相遇。

如果你可以與羞恥和委屈有一個對話，你會對它們說什麼？你覺得它們會怎樣回應你？

寫下這些過程，寫下你的故事。在這個過程中，如果你感覺到明顯不適，請隨時停下來確認一下，是否還可以繼續。你可以做一點其他事情轉移注意力或者進入自己的安全基地，在那裡補充能量後，覺得自己可行，再繼續。

04

憤怒 vs. 內疚：我做了這麼多，你得滿足我

憤怒與內疚，是關係裡的兩種破壞性力量，
前者是直接性的、外顯的，後者則是間接性的、內隱的。
破壞性的力量總是讓人畏懼，以至於很多人總想逃開，
又因為總也逃不掉，才出現各種糾纏。

討好者看起來總是和顏悅色的，人們一般不容易察覺他們的憤怒與內疚，有時甚至連他們自己也察覺不到。

討好者對憤怒的感受，一般不會在一開始時就出現。這種體驗的反應相對延宕，你也可以把它理解為「隱匿」，因為它很微弱，不容易被感受。而討好者一開始在關係裡也不

會表現出自己的憤怒，在他們看來，表達憤怒是一件特別冒險的事。

討好者的憤怒情緒

專攻兒童心理學與特殊教育心理學家家珍妮佛．萊納（Jennifer Reiner）指出：「在令人緊張害怕的情況下，憤怒是一種合適的情緒，憤怒不是壞事，事實上，憤怒比恐懼對人的健康更有利。」

但很多人都認為憤怒是不好的。在人際關係裡，對憤怒這種感受的偏見也導致人們容易被評價，也容易在潛意識間去評判他人。

討好者對評價極其敏感，他們會儘量避免憤怒，但這種情緒並不容易被控制，因爲人若習慣了討好，他們的憤怒就常以很被動的方式被表現出來。這常見於以道德作爲優勢籌碼的討好者。

人文主義倫理學的倡導者，心理學家佛洛姆（Erich Fromm）寫下了他的重要作品《自我的追尋：倫理學的心理學探究》（Man for Himself : An Inquiry into the Psychology of Ethics，1947），在這部作品中，佛洛姆認為，每個人都要將自己當作優先照顧的物件，唯有將自己安頓好，對別人的付出才可能無所求。

許多討好者在付出時，其實是沒有把自己安頓好的，這也意味著，那種「我只為你好」的無所求，其實是一種隱匿的虛假狀態，其背後一定有所求，只是有時候他們自己也不清楚在求什麼。

許多交換都是在潛意識中進行的。討好者追求完美的背後可能是要交換些什麼：我做得讓你無可挑剔，你就沒有資格說我，即「你不可以評價我」，甚至還有可能借此貶低關係中的另一方，以這種讓自己感到優越的方式攻擊對方。

一些親密關係中的人會覺得自己很不好，尤其是在對方事事做得很好時。而一個人如果總是覺得自己不好，自然容易生氣。這種不好的感覺帶來的是一種破碎性體驗，也可以理解爲對自己的一種否定，一種非常難以忍受的情感體驗。

憤怒情緒的投射

與討好者關係密切的人，會有一些不同程度的憤怒。這聽起來有點兒匪夷所思。我為此詢問過一些夫妻。

一位丈夫說：「我之所以生她的氣，是因為她對我做的一切都含有一種隱蔽的要求。如果我不按照她希望的那樣回報她，她就會做出令我更生氣的事情。」

我問他：「那麼，你覺得怎樣的狀態會讓你們彼此都比較舒服？」這位丈夫說：「就是簡單一點，能做多少是多少，不一定要做那麼多、那麼完美。也不要老是因為她多做了一點，我就要回報她。」我們不去分析丈夫的行為，但從他的回饋看來，他感到自己被強迫了，他非常不喜歡這種被強迫的感覺。

一個人因為另一個人生氣，可以這麼理解：一種是，他為自己無力處理這些事而生氣；另一種是，別人讓他生氣。你沒聽錯，這位妻子很有可能就是要讓她的丈夫生氣。

安娜．佛洛伊德（Anna Freud）曾提出這樣一種心理防衛機制：分裂和投射性認同。意思是，當人們感到難以忍受的痛苦時，他們會把痛苦分裂出來，再投射出去。如果痛苦被另一個人接住，並且呈現痛苦的反應，那麼投射痛苦的人就不會感覺痛苦了，他們會認為，痛苦是別人的，自己沒有。

在上述例子中，丈夫感到憤怒，有他自己的原因，也很有可能是他認同了妻子投射出來的憤怒。那麼，丈夫表達了妻子的憤怒，對妻子有好處嗎？顯然是有的。既然妻子不用表達自己的憤怒，也就不用擔心表達憤怒會使丈夫不高興，從而使自己陷入焦慮。

比較可悲的是，這樣做其實會傷害他們的關係。妻子會認為自己沒有被好好對待，進而對這段關係感到更加失望和憤怒。如果妻子能夠意識到自己的憤怒，並且願意「照顧」自己的憤怒，那麼，這個卡在他們之間的障礙，就有機會被移開。

表達憤怒與關係的修復

除了一開始的隱形憤怒，在關係達到一定程度、雙方越來越熟悉之後，有的討好者會表達自己的不滿。此時，他們可能對關係愈發失望，覺得自己做了那麼多事，卻沒有得到想要的，他們內心感到痛苦，甚至絕望。

他們時常在心裡問：「你為什麼這樣？你為什麼不能對我好一點？你為什麼要傷害我？」這裡，既有對別人對待自己的方式的憤怒，也有對自己無能為力的憤怒。他們因自己以這樣的方式待在關係裡而憤怒，因自己會依賴對方而憤怒。愛而不得的痛苦，深深地刺痛著他們的心。憤怒裡有火焰，也有淚水。

有些人表達憤怒後，親密關係反而會好轉，這是因為連結到憤怒時，討好者本身的情感開始流動，伴侶有機會感覺到真實的他們，反而願意與他一起面對遇到的困難。這樣的伴侶難能可貴，可以極大限度地幫助討好者修復關係的創傷。

而有些討好者表達了憤怒後，情況會變得更加糟糕，對方可能變本加厲地爭吵，又或者冷漠視之，甚至可能暴力相待。這正是討好者最害怕的情境，也是他們一直苦苦壓抑自己憤怒的原因。這樣的伴侶在人格層面上存在缺失，如果繼續對其寄予希望，則很可能讓自己受苦。

愛恨交織內疚感

討好者的親密關係中，也包含深深的內疚。關於內疚，我將分兩點來談：一是討好者讓別人內疚；二是討好者讓自己內疚。

英國著名的客體關係大師梅蘭妮．克萊茵（Melanie Klein）認為，內疚源於個體內心深處愛恨交織的痛苦。一個人若傷害了自己所愛之人，他會感到痛苦，而這種痛苦，很有可能源於有意識或潛意識的恨。

慣常討好的人在關係裡很有可能付出得特別多，因而把自己弄得非常辛苦、疲憊，而關係裡的另一方則可能因此感到內疚，好像是自己傷害了討好的一方。內疚會阻止他攻擊討好者。

我們可以看到，讓別人內疚有一個「好處」，就是內疚的人很可能會手下留情。譬如，他們會想：「你做了這麼多，我怎麼能傷害你呢？你都這麼辛苦了，我還有什麼好要求你的呢？」雖然這會讓討好者感覺自己的處境安全了一些，但是，這段關系也仍無法讓人全然放心，對方還是有可能傷到自己。

不過，伴侶因內疚而生出的憤怒，很有可能會摧毀討好者苦苦想要留住的和諧。也可以說，討好者用過度犧牲自己的方式，最終傷害了自己。討好者的內疚是很隱蔽的。內疚和羞恥一樣，都是指向自己的刀，一點一點切入肌膚，每一秒都疼痛。

憤怒、內疚和補償的惡性循環

因為內疚去討好，其中有一種強烈的補償心態。為什麼要補償？因為在內疚之前，憤怒已經登場，並且憤怒是攜帶敵意一起登場的。

討好者會認為這種敵意傷害了對方。當一個人把對方當作敵人時，就很容易在相處時感覺到危險，也很容易喚起心中的攻擊衝動——有些是已經發生的顯性攻擊。譬如，說一些過分的話；有些則是隱性的，即在外部世界沒有表現出來的攻擊，只是在潛意識層面認為自己攻擊了對方。

不管攻擊有沒有真實發生，討好者都會認為，自己的念頭、行為傷害了對方，而因此產生內疚。內疚催生了補償，這一方面可以讓人繼續在道德層面占據高地（「你看，我對你多好」），另一方面，補償的時候，內疚會被掩蓋，就可以不用感覺內疚。

在親子關係中，這種由討好者轉為補償者的模式，十分常見。譬如母親會要求自己滿足孩子的各種需求，不一定是因為她有多麼愛這個孩子，而是因為她需要感覺到自己是一個「好母親」。這種時候，敵意就隱約存在了。母親在這段關係裡「有所求」，就是讓孩子認為她是一個「好母親」。

這個願望使她無法向孩子展示自己不夠好的一面，也不能接受孩子向她回饋他們關係中不夠好的一面。這時，關係便承擔了額外的壓力，因為當這個母親全力付出，卻得不到所求的認同時，便會轉而以顯性攻擊的方式表達自己的憤怒，譬如，吼孩子，甚至打孩子。但在打罵的同時，母親也開始內疚，覺得不能這樣傷害孩子，於是又開始補償孩子。接著繼續憤怒，繼續敵對，繼續討好，周而復始。

很多內疚的人意識不到自己的敵意，但內疚和敵意就像黑夜和白天，既不能相見，又沒有分離。如果你總感覺自己欠了別人，忍不住要去補償，但在補償後，很快又想逃離這段關係，那麼我建議你想一想，是不是有一種叫作內疚的情感在心底湧動。

如果我們能夠意識到自己是因為敵意而內疚，因內疚而補償，又因過度補償而再度引起憤怒和敵意，那麼這個討好的鏈條就有可能斷開。

改變的起點：看見情緒背後柔軟與脆弱

憤怒與內疚，是關係裡的兩種破壞性力量，前者是直接性的、外顯的，後者則是間接性的、內隱的。破壞性的力量總是讓人畏懼，以至於很多人總想逃開，又因為總也逃不掉，才出現各種糾纏。

此刻，你看到這些文字，就說明你的內心已經在勇敢地準備了。瞭解這些感受做出改變的必要準備，難受是因為觸碰到了往日壓抑的情感。它們探出了頭，既是給我們壓力，也是在呼喚我們不要再忽視那個脆弱的部分。

改變並不容易，但非常值得。我們一生都在經歷成長，若此刻沒有準備好，就再花一些時間，不用太著急。在所有準備中，自我的準備最重要。只要自己決定面對，決定開始，就會產生強大的力量，改變就會慢慢發生。

04 練習

憤怒和內疚的情感體驗

請準備十五至三十分鐘不被打擾的時間。這是你給自己的寵愛，而你值得這樣的照顧。這是寵愛自己的時間，讓我們一起來照顧自己的心靈。

- 找一個安靜的地方，保持舒服的姿勢，無論坐著還是躺著，我們將用深呼吸幫助自己慢慢地放鬆下來。閉上眼睛，我們會從吸氣開始，有意識地把吸氣和呼氣變得深一些，長一些，再深一些，直到你的極限。吸氣——呼氣——
- 繼續保持你的呼吸，你將能夠注意到吸入和呼出的氣體經過自己鼻腔和咽腔的感覺，以及胸腹部的擴張和收縮。
- 將呼吸變得緩慢和輕柔，漸漸地，你的身體也會跟著放鬆下來。接下來，請慢慢地將你的意識從紛繁的外在轉移到你的內在。把那些還沒有做完的事情暫時放下，你可以安心地與自己待在一起。
- 請你繼續保持緩慢而輕柔的呼吸，並同時保持與內在的連結。

慢慢地將注意力聚焦在今天的書寫內容上。

你覺得憤怒和內疚是怎樣的體驗？對於它們，你有什麼樣的感受？發生了怎樣的故事？找到內心與這些感覺的連結，開始你的書寫，讀一讀自己書寫的內容。

如果你和你的憤怒和內疚有一個對話，你會對它們說什麼？它們會給你怎樣的回應？你可以再次寫下你的感受。

在這個過程中，如果你感覺到明顯不適，請隨時停下來確認一下，是否還可以繼續。你可以做一點其他事情轉移注意力或者進入自己的安全基地，在那裡補充能量後，覺得自己可行，再繼續。

05

悲傷vs.無力：不必苦求丟失的愛

當你把自己命運的掌控權拱手讓出、與他人共生時，
你付出的代價就是，讓對方決定你的生死。
討好的人可能也顧不上這個代價，因為無力感已經籠罩了他，
於是他幻想著只要跟有力量的人在一起，
自己的脆弱就不見了，自己也變得有力量。

一位女士曾經跟我諮商了五年，最開始是電話諮商，我曾提出用視訊諮商，因為電話溝通能夠捕捉到的訊息太少了，但是那位女士堅持使用電話。

後來我才知道，這是因為她不想讓我看到她哭。在她的記憶裡，哭是一種禁忌，自己

不可以在別人面前哭，不可以表達自己不好的情緒。她很害怕別人評價她哭，她認為，哭是不好的行為，她擔心我不接納這樣的哭泣。

但在她的成長過程中，有那麼多的痛苦，她又怎麼忍得住悲傷呢？

沒有悲傷權利的小女孩

她說，以前她不知道自己還可以悲傷。因為家中最高權威——父親，不准他們兄弟姐妹哭，有情緒也要馬上忍回去。時間久了，她好像養成了習慣。

現在長大了，她離開原生家庭，有了孩子，反倒開始流眼淚；開始進行心理諮商，才明白什麼叫悲傷，才知道，作為一個客體，自己有權利悲傷。

我請她形容悲傷的感覺。她說：「就像一首悲傷的大提琴曲，從開始到結束，都是壓抑的，有一種透不過氣的悶痛感。仿佛有一條河，河中的每一滴水都在訴說著哀傷。」

她說話的方式很詩意，我聽她說這些，就像在讀一本古老的書，遙遠孤獨，一如她的成長，把所有情緒都鎖在自己的內在世界裡。不哭不鬧，不提要求，曾是她認為正確的生存方式。

她說：「爸爸性格暴躁，又總是非常辛苦，在家裡是絕對權威，我們都只能聽他的，才能減少他發火的次數。若哪一次，他高興了，我們就像犯了錯的臣民獲得大赦。但這樣的時候，太少了。而且他從來不對我們說鼓勵和欣賞的話。」

「小時候，同學和我分享他們的爸爸，有的爸爸非常有趣，有的爸爸很慷慨，他們聽起來很愛自己的孩子，也願意讚美孩子。同學們說的時候，兩眼放光，我很羨慕，也非常想從自己的爸爸身上得到這些。但是我沒有得到，不管我怎麼努力，似乎都是徒勞的。我認為是自己不夠好，所以他才不誇讚我。現在我慢慢明白了，可能爸爸就是那樣的人，不苟言笑，也不會說讚美之詞。」

「我非常難過，因為當我還是一個小孩的時候，我真的希望能有這樣的時刻——爸爸能用欣賞的眼神看著我。但是，沒有。」

「爸爸生不逢時，他一直都不快樂。他總是用很嫌惡的眼神看我。既然得不到誇讚，起碼不要被嫌棄，我只希望他用平常的眼神看我。」

當她對我說這些話的時候，我感到她的卑微和無力，但更多的是彌漫式悲傷。

悲傷成爲活著的動力

我記得，那天下午諮商結束後，我站在幾十層高樓上的工作室的窗邊，看著城市的夜色，一句話都不想說。我難以想像這位女士是怎麼長大的。

這種感覺太沉重了，壓得她快要窒息了。她之所以決定做心理諮商，是因為嘗試了很多方法，痛苦仍然沒有減輕，她甚至一度想到了去死。她認為死了就不會這麼痛苦、這麼沒有價值感了。要特別說明一點，人成長的方法有很多種，這裡僅指這位女士的個人體會，不代表其他人。

「死了就不會這麼渴望別人的關注與讚美了」。當然，她最終沒有這麼做。僅有的一點點活下來的念頭支撐著她尋求幫助，也許她說不出來的悲傷也給了她一些動力。

你可能會問，為什麼悲傷會是一種動力呢？因為悲傷能幫你體驗失去的感受。

這位女士雖然極其痛苦，但是她的眼淚幫助了她。她覺得，莫名其妙地哭一場，哭完之後，感覺會好一些。當然，因為她並沒有真正理解自己哭泣的原因，所以，她總是想哭，卻不知道為什麼。而我的工作就是幫助她理解。

每一個孩子來到這個世界，都需要愛的呵護與滋養。但是，她兄弟姐妹多，父母根本照顧不過來，沒有辦法陪伴她。父親是暴躁的，母親是無力並且順從父親的。這意味著父親和母親都有缺陷。這種缺陷讓她產生一種失去的感覺，即「我想要的沒有來到我身邊，現在在身邊的這個不好，但我卻要依賴它」。

很多人對父母有類似的感受：「我總認為自己不是父母親生的，不然他們怎麼會那樣對待我？要是我能找到自己的親生父母就好了。」我想，有過這種感受和思考的人，對上述那種「失去的感覺」不會陌生。

孩子在成長之初，內心需要有完美父母作支撐，以此發展出信任感和安全感。

著名的客體關係大師唐諾・溫尼考特（Donald W. Winnicott）曾說：「嬰兒的脆弱，使他們不瞭解自己要透過努力才能活下去，他們需要的是母親能夠為他們提供近乎全能的生命體驗。這在生命的前幾個月尤其明顯。」

如果父母帶給嬰兒最初的感受不那麼美好，那麼嬰兒就會在自己的世界裡幻想一對完美的父母。這在一定程度上彌補了現實中缺陷父母帶來的失落感。當這個部分的空洞被幻想填滿時，感受到的無力感、空虛感，也會相應減輕。

很可悲的是，隨著年齡的增長，當他們看到自己與父母很像時，美好父母的夢幻泡影就破滅了。如果他們能夠正確面對這種破滅，就會得到巨大的成長。但很多人會卡在「沒有好父母」的恐懼裡，繼續幻想，相當於在某個階段陷入停滯。其外在表現是，抗拒面對現實，看不到現實的面貌，分辨不了好壞。

討好者內心的無力感

討好者就是用幻想的方式來抵抗內心的無力感的，這使他們無法真正看清與他們相處的人，也很有可能在其他關係裡再次受到傷害。

我曾經問一位習慣討好的女孩：「討好別人時，你有什麼感覺？」她說：「我恨自己，我覺得自己很輕賤，明明別人對我不怎麼樣，甚至有時候還嫌棄我，但我就是情不自禁地想去討好他們。我感覺自己離不開他們，當我只有一個人的時候，會覺得自己是不存在的，我非常脆弱、非常無力。好像只有在討好別人的時候，我才有了一點力氣。

我一直把希望寄託在對方身上，好像對方變了，我的無力感就會消失，但現實是，它始終都在。即便這樣，我也做不到停止討好，我太害怕面對這種無力感了。因為無力，我將自己的生死都寄託在另外一個人身上，就像一個癱軟的生物，直接黏在對方，試圖用自己的妥協、付出、忍讓換取一點生存空間，這是讓人悲憤的。」

當你把自己命運的掌控權拱手讓出、與他人共生時，你付出的代價就是讓對方決定你的生死。討好的人可能也顧不上這個代價，因為無力感已經籠罩了他，於是他幻想著只要跟有力量的人在一起，自己的脆弱就會不見了，自己也會變得有力量。

但我們知道，在這個租借來的力量背後，仍然是無力的。而無力感強的人，是最樂於爲他人犧牲。

在電影《無問西東》中許伯常和劉淑芬，女方供男方讀大學，男方承諾一輩子對她好，但男方畢業後悔婚，女方以死相逼。二人結婚後，常常上演「女方歇斯底里，男方極致冷漠」的戲碼，最後女方投井自盡。這二人及彼此的關係都受到重創。

劉淑芬這樣的無力者一心想透過自己的犧牲換取對方的愛，但對方根本不愛她，就算和她在一起，也只是為了減輕內疚。

人本心理學之父馬斯洛（Abraham Maslow）表示，一個人若不重視自我喜悅的體驗，而總是選擇「得到他人認可的選項」，最終將無法體會何謂喜悅。

美國存在主義心理學分析大師羅洛．梅（Rollo May）也有過類似的說法：「一個人倘若一味遵從表面的要求，恐怕連獲得幸福的力量也都拋棄了。」

接納悲傷與無力的情緒

一個人給自己的最大禮物是愛自己、尊重自己。

人內心的覺醒是由痛苦推動的。一個社會文明的發展，其實也可以說是由痛苦推動的。如果看到痛苦的價值，痛苦會變成禮物；如果忽略它的價值，總是逃避它，那麼它就只是痛苦，並且會累加。

面對自己的悲傷與失去，不是一件容易的事。這似乎意味著，你必須承認，你就是有不好的父母、有不好的伴侶關係。這是對自戀的挑戰（這裡說的「自戀」是指對於自我感覺的良好程度）。

極其自戀的人非常不願意接受這樣的「真相」（當然，這可能只是真相之一）：「我怎麼能有這樣的『壞父母』呢？我不接受這個結果，即便我的父母不完美，我也一定會在其他關係裡找到這種完美。」

這就陷入了一種偏執狀態，潛臺詞是：「我認為這個世界上一定有完美父母，只要努力，就能找到。」但是，世上沒有完美父母。

偏執狀態的好處之一就是不用面對失去，不用去悲傷，這種狀態下的人感受更多的是

憤怒。**要想眞正擺脫悲傷，就要看見自己的匱乏，這是必要的**。

悲傷與無力常常相伴而生。請你學會用溫柔的、不帶評價的、關懷的態度，接納自己的悲傷與無力，告訴自己：「雖然世界不是完美的，我也不是完美的，但這並不意味著我沒有為自己爭取快樂與幸福的能力。」

請你相信，接納悲傷與無力能給你一種令自己難以置信的解放——你無需再掉入緊張、沮喪、挫敗的情緒中，也不會再忘了自己是誰，不會強迫自己追求不屬於自己的東西，你可以重新調整自己，記起那些真正對你重要的事情，譬如：你的思想，你的興趣，你的朋友、親人，你的希望。

05 練習

書寫悲傷與無力的感受

請準備十五至三十分鐘不被打擾的時間。這是寵愛自己的時間，讓我們一起來照顧自己的心靈。

- 找一個安靜的地方，保持舒服的姿勢，無論坐著還是躺著，我們將用深呼吸幫助自己慢慢地放鬆下來。閉上眼睛，通常我們會從吸氣開始，有意識地把吸氣和呼氣變得深一些，長一些，再深一些，直到你的極限。吸氣——呼氣——
- 繼續保持你的呼吸，你將能夠注意到吸入和呼出的氣體經過自己鼻腔和咽腔的感覺，以及胸腹部的擴張和收縮。
- 將呼吸變得緩慢和輕柔，漸漸地，你的身體也會跟著放鬆下來。接下來，請慢慢地將你的意識從紛繁的外在轉移到你的內在。把那些還沒有做完的事情暫時放下，你可以安心地與自己待在一起。
- 請你繼續保持緩慢而輕柔的呼吸，並同時保持與自己內在的連結。

現在我們將注意力聚焦在本次的書寫內容上。
你有過悲傷和無力的體驗嗎？那是怎樣的感覺？發生了什麼樣的故事？
試著去感受，當你的內心出現一些畫面和詞語時，就可以開始書寫了。如果你要與自己的悲傷和無力來一場溫柔的對話，你會對它們說什麼？它們會怎樣回應你？
在這個過程中，如果你感覺到明顯不適，請隨時停下來確認一下，是否還可以繼續。你可以做一點其他事情轉移一下注意力或者進入自己的安全基地，在那裡補充能量後，覺得自己可行，再繼續。

06

孤獨 vs. 空虛：用犧牲換取虛假的溫暖

如果早期發展遭受了巨大挫折，這時，人會產生孤獨的早期體驗。孩子會撤回對父母的信任，切斷和自己內在的連結，同時將這份信任和期待轉向外界。

如果說前一組情緒是沉重的，那麼這一組則有輕盈、縹緲的色彩，無形無影，抓不到，握不住，沒有辦法貼近，又好像到處都是。

討好者的孤獨與空虛也是非常隱性的。與他人在一起時，他們會掩飾自己的落寞。他們與大家一起狂歡，說著體面或俗套的話，因為想要融入團體、讓大家喜歡，所以他們的孤獨與空虛不那麼容易浮現。

但是，當燈滅人散，回到安靜的家，回到獨處的狀態時，討好者的孤獨與空虛感就像空氣一樣彌漫開來。

團體中的孤獨感

有個女孩曾對我講述，她每次接到朋友的邀請，都會毫不猶豫地答應，在聚會中，她全程想的都是說什麼話才得體、怎麼講會讓對方高興。

通常聚會進行到一半，她就要支撐不住了，想要離開。這時，她會聽見恐懼的聲音：「如果你不留下來和朋友在一起，你就會被拋棄。」最初，她不假思索地答應邀約，是因為孤獨、想和朋友玩，但是，防衛狀態下的討好讓她筋疲力盡。

但如果中途離場，她又擔心朋友會掃興，以後不想和她一起玩了。所以她先放棄自己想休息的願望，堅持到聚會結束。接下來，可能是長達一週的緩衝期。其實，她特別憎恨自己，憤怒自己為什麼要有這樣的需求，憤怒自己的無能為力。

關係帶來的消耗感，使她越來越抗拒參加這樣的聚會，甚至開始討厭聚會中的每一個人，覺得他們的一舉一動、一言一語，都是對她的挑戰。某種敵意和拒絕在關係裡不斷發酵。她不再主動和朋友一起玩，而她的朋友也逐漸不想約她出去玩了，最後他們的關係就這樣變淡了。她的生活重新歸於寂靜。

我問她：「這是你想要的嗎？」

她說：「有一些是的，譬如，我終於不用再去討好他們，可是我又覺得很孤單，好像離所有人都遠了，我把自己封閉了起來。我並不那麼享受一個人的時光，我覺得一個人待著很難熬，到處都沒人，冷冰冰的；走到哪裡，好像都是漆黑一片。難受的時候，我特別喜歡吃東西，讓自己吃得飽飽的，這樣我就可以得到安慰。我還喜歡很多的毛絨公仔，讓它們軟軟地環繞著我，這樣我會感覺好一些。」

社會心理學的先驅卡倫・荷妮（Karen Horney）表示，孤獨是最開始接觸別人時，表現出來的一種矛盾態度，是一種最基本的衝突。這種孤獨讓我們與他人保持距離，並且以為這樣可以平息內心的衝突。

童年時期缺少陪伴與愛

女孩小時候，父母都很忙，他們一直在各自的世界忙碌，沒有人專心地好好陪伴她。

在她的記憶裡，自己經常被送到親戚家。再大一些，放學回家，她最想看見的是自己家的窗戶亮著燈光。當她在家門口等啊等，等到天黑，父母才回來的時候，她覺得自己一點也不重要。

現在她長大了，父母老了，他們經常待在家裡，反倒是她不想靠近父母了。她晚上睡覺要開著燈，有燈光陪伴才睡得著。

她曾經描述自己做的一個夢：她在很大、很黑的地方，那裡又低又矮，卻怎麼爬都爬不出去；那裡什麼都沒有，除了自己和黑暗；那裡像一座墳墓，讓人恐懼卻又無法逃離。也許她早就不對父母抱有什麼期待了，她只想一個人掙扎，但她的力量太微弱了。

快樂的人能夠與身邊的很多人和事發生連結，並且享受這種連結。

這個女孩顯然很難感覺到快樂，她時常感到空虛。之所以會感到空虛，是因為她的內心沒有愛的入住，不熱鬧，也不豐盛，**空虛帶來的匱乏感讓她在關係裡很容易犧牲自己，討好他人，以換取虛假的溫暖。這就像透支銀行信用卡的額度，只是一種暫時的緩衝，真正的空虛並沒有解決。**

當虛假的溫暖沒有辦法繼續支撐她，甚至越來越令她失望的時候，她又發展出新的方式，即在難受的時候吃很多東西，以此獲得充盈感。但身體是經不起暴飲暴食的。

同樣，她很喜歡毛絨公仔，那是母親的象徵，在她心裡，那些公仔可以陪伴她。雖然這樣的陪伴在某些時候緩解了痛苦，但因為她仍舊抗拒和人建立真正的連結，所以內心的孤獨感還是不斷浮現，折磨著她。

這個女孩與人親近的需求被長期壓抑了，一開始是被父母壓抑，後面則是被自己的慣性潛意識地壓抑。她忽略了自己內在與人建立連結的渴望，也忘了去連結自己的內在。

最深的孤獨，是和自己的內在世界失去了連結。

連結的樞紐，最早的時候是掌握在父母的手裡，孩子與生俱來渴望連結。高品質的嬰兒與照顧者的關係（通常是母嬰關係）會為嬰兒提供一座橋樑，幫助他們發展自己與內在世界的連結。

在這個階段，如果一個孩子得到很好的回應、照顧，那麼他就會覺得自己是非常珍貴的，是被愛的，這樣的孩子會有一種穩穩立在大地上的感覺。即便在逐漸長大的過程中受到一些挫折，因為有良好的母嬰關係做底色，他也能消化挫折，並不會切斷和自己內在的連結。

如果早期發展遭受了巨大挫折，人會產生孤獨的早期體驗。孩子會撤回對父母的信任，切斷和自己內在的連結，同時將這份信任和期待轉向外界。從他人尋找愛，是一種尋找安慰的方式，這點在討好者身上非常常見。

討好者在關係中尋找愛

與父母連結失敗的痛苦經驗，會極大地影響孩子建立最初的關係，因此，他們更容易被那些和自己父母特質比較像的人吸引。討好者渴望從這樣的人獲得愛，以抵消內在孤獨的痛苦。但這樣的方式是危險的，因爲討好者很容易遇到剝削者，就是我們常說的「渣男」、「渣女」。

這種關係當然會有很多失衡之處。在一次次嘗試連結又一次次挫敗失望後，討好者可能會越來越孤獨，但是他們內心被愛和被照顧的渴望不會消失，只要有一丁點希望，他們就會再次奮不顧身。有人會因為對方給自己的一丁點好，而盡力回報，甚至以身相許，並認為這就是愛。

一旦這段關係變淡，討好者內心就會出現巨大的空洞，即我在前文提及的空虛感。這個叫作孤獨的空洞，非常難以填滿，需要很多很多的愛、很多很多的理解和支持。如果一個人能夠找到情感流動比較順暢，同時內在相對穩定的伴侶，那麼他的孤獨和空虛感將有機會被很好地療癒。

在我的經驗裡，不少人遇到優秀的配偶後，關係品質會得到很大的改善，但仍有一部分孤獨難以療愈，這導致他們不得不面對那種終極疼痛：在我還是個嬰兒的時候，我沒有被那樣愛過。

這並不是說一定要療癒孤獨。哲學家們總是說，人都是孤獨的。我相信在某個維度上，人是孤獨的，但我說的這種孤獨，是早期的一種創傷，它帶給人的體驗刻骨銘心且令人絕望。

我相信，透過覺察、認識、拓展並建構新的關係，這部分絕望有機會被看見，這就有可能被療癒。

當一個孩子眞正被愛的目光凝視，從他人的眼睛裡看到自己的美好時，內在連結的通道打開了，由此建立一種「我與你」的關係，並經由這段關係，建立「我與自己」的關係。此時，孤獨就會被轉化爲一種力量，一種可以陪伴自己的力量。

用過度付出來留住受虐與施虐的關係

再來說說另一種可怕的孤獨。

生活中從來不缺乏令人惋惜的故事。看看那些故事的主角，我們就會發現，他們對人幾乎沒有分辨能力，只想要愛。以至於對方傷害他們了，他們也不想離開；即使暫時離開了，也會卑微地回來。

我曾經問一些故事的主角，為什麼要這樣？

無一例外，他們都提到一種痛苦：「太孤單了，沒有人和我在一起，感覺自己就是在煎熬。」、「我知道他對我並不好，但是他在的時候，我感覺好受一些。這個不怎麼好的關係，總比沒有強。」、「當我一個人的時候，我的內心是空的，總感覺自己是一個被遺棄的孩子，沒有人搭理。我真的害怕這種感覺，我想要逃開。沒有了和他人的關係，我連自己是誰都不知道。我也不知道我在哪裡、有什麼參照物。」

對他們來說，沒有和他人的連結，自己就不存在了。一段關係就像一個容器，即便是一個糟糕的容器，好歹也是一個容器。

人有一個空間，就有了基本的歸屬感。這個空間在自己作為一個主體時才能存在。若沒有了和他人的關係，這個空間就不復存在。這時，人既沒有與外在建立關係，也沒有與自己的內在建立關係，即沒有「我與你」，也沒有「我與自己」，他的自我就像靈魂的碎片，在世界裡飄浮，無法聚攏，周圍全是孤獨。

孤單是一種分離的感覺，孤單喚起的被遺棄感，讓人感覺自己非常不重要、沒有價值。兩個人在一起時是一種融合的感覺，也可以理解爲共生的感覺。這個感覺沒有你我之分，你的就是我的，我的也是你的。人在脆弱的時候，共生會帶給人力量、希望。

對融合的渴望及融合帶來的益處，讓很多討好者忽略了長期過度融合的一些弊端。譬如，關係裡的另外一方可能並沒有真正尊重自己，可能還在傷害自己，但是，除非很大程度的傷害，否則討好者是不會輕易結束這段關係的。

這種情況更加悲哀。一個人忍受關係帶來的傷害，以此換取另一個人的不離開。但是，這種不離開也只是一時的。因為在討好與被討好關係裡，被討好者很容易厭倦被討好的感覺，他們內心的施虐傾向有可能被喚醒。這樣，討好者與被討好者就發展成了受虐與施虐的關係模式。

自我覺察找到眞正的出口

孤獨與空虛是很深層的匱乏感。我們會選擇過度付出來填補這種匱乏，因爲我們內在有一個信念：「我付出得越多，對方就越依賴我，我就越不可能被拋棄。」我們非常希望對方填補自己缺乏的愛，於是選擇了打「安全牌」——用付出來留住對方。

說到這裡，可能很多人會感到絕望和無力。如果你此刻有這樣的感受，那很正常，因為人都是有情感的。如果你一整天甚至好多天都被這種情緒環繞，那麼很可能是因為內心多多少少有一些討好、付出的導火線被點燃了。

此時，重要的是穩住自己，不要被那種強烈的感受影響，我們需要慢慢發展一個觀察者的視角，來觀察自己此刻有什麼感受、引發自己好好的思考。

產生某種感受時，不要過於緊張。我們是人，一定會有各種各樣的感受。感受是一個路徑，我們要給自己機會去使用它、瞭解它。當我們與這種感受產生連結，同時又不被其吞沒時，我們就能透過它找到真正的出口。

歡迎你來到本次練習。我們已經瞭解了關於討好者情感的反應，也許你對此有了新的看法和態度，並踏上了成長之旅，也許你仍有很多困惑，甚至有了更多困惑，這些都很正常，沒有好壞對錯之分，所有的情緒情感都是生命中的體驗，不妨試著歡迎它們。

06 練習

書寫孤獨與孤單的感受

現在，你同樣需要十五至三十分鐘不被打擾的時間。讓我們一起來照顧自己的心靈。

- 找一個安靜的地方，保持舒服的姿勢，無論坐著還是躺著，我們將用深呼吸幫助自己慢慢地放鬆下來。閉上眼睛，通常我們會從吸氣開始，有意識地把吸氣和呼氣變得深一些，長一些，再深一些，直到你的極限。吸氣——呼氣——
- 繼續保持你的呼吸，你將能夠注意到吸入和呼出的氣體經過自己鼻腔和咽腔的感覺，以及胸腹部的擴張和收縮。
- 將呼吸變得緩慢而輕柔，漸漸地，你的身體也會跟著放鬆下來。接下來，請慢慢地將你的意識從紛繁的外在轉移到你的內在。此時，如果有一些念頭過來打擾你，你可以請它們暫時放在一旁，你可以安心地與自己待在一起。
- 繼續保持深呼吸，現在我們將注意力聚焦在本次的書寫內容上。

你有過孤獨、空虛的狀況嗎？那是怎樣的體驗？有哪些事情發生了？只是想到它，感受它，然後寫下來，不做任何評判。

如果你要與自己的孤獨和空虛來一場溫柔的對話，你會對它們說什麼？它們會怎樣回應你？你可以繼續寫下來。

在這個過程中，如果你感覺到明顯不適，請隨時停下來，確認一下，是否還可以繼續。你可以做一點其他事情轉移一下注意力或者進入自己的安全基地，在那裡補充能量後，覺得自己可以，再繼續。

你也可以找一個可靠安全的人，陪著你做這個練習。

PART 02

思維篇

思考與覺察，讀懂關係中的五組邏輯

討好行為背後的思維邏輯

迎合 vs. 順從
靠近 vs. 逃離
付出 vs. 補償
失去 vs. 獲得
存在 vs. 消失

07

討好模式的損失與獲益

當一個人知道怎麼做可以得到自己想要的東西，
也知道如何讓別人按照自己的需要給予回饋時，
他的控制感就會增強。
內心控制感的增強，也會帶來安全感，
這和身體的控制感增強一樣，
也是討好者願意繼續採取討好行為的動力之一。

在這一章，我需要動用一些思維和想像來理解討好的特點。
我將和你分享一些與討好型人格特徵相關的行為模式、思維邏輯，以及家庭環境為何會成為討好型人格發展的溫床。對於戒除討好模式來說，深入瞭解這些思維相當重要，可以說，它與深入瞭解情緒感受一樣重要。

當我們瞭解為什麼我們會有那樣的感受和反應，以及反應背後的幻想和邏輯後，就有機會找到我們限制性的觀念，並針對這個部分進行突破。

我認為，沒有無緣無故的討好。一個生命，如果可以有尊嚴地活著，那麼他不會採取卑微的方式生活。討好行為的背後必然有很多理由，我們可以多去理解這種行為背後的迫不得已。

同樣要看到的是，如果一種行為模式被反覆實踐，那麼實踐者一定能從中獲益。很多人一看到「討好」這個詞，就認為討好者是受害者，然後迅速代入受害者的思維模式，進而可能進入誤區，認為所有責任都要由別人來擔負。一旦這樣，我們就無法從多維的層面看到關係中的問題，也會增加改變的時間。

事實上，任何一段關係的建立，都是兩邊或多邊力量的合謀。

接下來，我們來看看討好模式對一個人的影響，我將談到這種「合謀關係」的損失與獲益。

損失之一：自我的出讓

關係中只要有討好行為，就會有位置的高低，有力量的強弱。脆弱的一方在討好時會壓抑自己的願望和需求，一味地以他人為主。而且，在大多數情況下，他們無法意識到自己在討好別人。所以，我們首先需要瞭解討好行為背後的動機和觀念。

一位女孩對我說，她開始與一個人交往時，總是非常熱情，非常貼心，很容易注意到對方的需要，自己的所有心思都在對方身上。但關係維繫了一段時間後，她感到特別疲憊，好像不是在為自己而活，而是在為別人而活。

損失之二：精力的消耗

你是否有過這樣的疑惑：「我是在為誰而活？」

如果你是在為自己而活，你做的一切事情，將會是有力量、有希望的；如果你是在為他人而活，那麼你就出讓了自我，變得沒有根基，只能依附別人，把對希望和快樂的需求寄託在別人身上。

我們細細想一下，你眞的是在爲別人而活嗎？其實不是，你是在爲你的恐懼而活。你害怕別人的評價，所以你想表現得好，以此獲得正面評價。

譬如，你很懂事，對方很喜歡你懂事，還誇你懂事。你這樣做是因為對方需要你懂事嗎？有可能是你需要別人誇你懂事，只有這樣，你的恐懼感才可能減弱。即便別人需要你懂事，你就一定要去做懂事的人嗎？為什麼你會這麼做呢？這些都非常值得思考。

獲益之一：在關係中得到對方的認可

以上兩個損失也對應了討好者的兩種獲益。

出讓自我是為了保護自己，但這其實也是在傷害自己。你在削弱自己的力量、獲得保護的同時，讓自己變得更「小」了。這也有獲益，自己變小、變弱，容易使對方放鬆警戒，喚起對方的同情心，使自己遠離危險。

渴望獲得好的評價是因為討好者內心存在空洞，他們對自己的評價過低，總感覺自己不夠好。當自身力量不夠的時候，人自然想從外界獲取力量。

習慣討好的人，看到別人眼中的讚賞，得到「你很好，你很棒」的回饋，就覺得自己做這一切都是值得的。這是因為討好者內心匱乏，有一直想要卻總也得不到的東西。

在平等的人際關係中獲得的讚賞，是對人的一種滋養，能帶來發自內心的喜歡。但當雙方處於不平等的地位時，讚賞就像討好者的救命稻草。對討好者而言，沒有了認可，他們就要活不下去了。

絕大多數情況下的不平等，是討好者將自己放在了較低的位置上，有時候對方根本沒有這種想法，但因為他們沒有給討好者想要的認可和回饋，這也令討好者對這段關係失望，甚至想要主動放棄這段關係。

討好者會繼續尋找認可自己的關係，因為認可對他來說太重要了。即便有風險，討好者仍然願意下這個賭注，並且義無反顧地投入。內心空洞對他們來說有多麼痛苦，他們就會冒多大的風險，去爭取對方的認同。

當你越來越清晰地看見這個「關係認可」模式時，你可以去審視自己的位置：「我在哪裡？我這樣做過嗎？」這非常重要，只有覺察到了，才有機會打破原有模式，建立新的關係模式。

獲益之二：獲得控制感，消除內心恐懼

因為經常體驗到自身的弱小，討好者經常會有一種失控感，覺得外在世界變化無常，自己能控制的實在少之又少。

每一個人都需要控制感。

嬰兒最初是需要依賴照顧者的英明，才獲得控制感的。譬如，想要吃奶，哭出來，大人聽到了就會給他餵奶，他吃到奶了，需要滿足了，就獲得了一種世界是他可控制的體驗感，這也是內心一種我能的體驗。

再長大些，我們的肌肉逐步強健，能夠做很多動作——跑跳、打滾、舞蹈等，身體的發育增強了我們對它的控制能力，身體變得更加靈活有力。

內心的控制與身體控制的發展是同步的，身體的控制感會增強內心的控制感，這也是安全感的一部分。重病患者不能照顧自己，他的感覺糟糕透了；生活能夠自理的患者可以自我照顧，沒有失去對身體的掌控感，其內心的失控感就不會太明顯。

內心的控制感也源於人對自己情緒的掌控程度。

小孩要慢慢學習並瞭解自己的情緒，就像瞭解大自然、自己的身體一樣，要學習與情

緒共處。真正的掌控，不是消滅了某個情緒，而是情緒來了，我們知道如何應對。

討好者的內心住著一個驚恐的小孩。他沒有從父母那裡學會如何應對危險和恐懼，只學會了用討好達成目的。譬如，他害怕父母的生氣喝斥，突然有一次父母發現他乖巧順從的時候，就會高興。一高興，父母就會和顏悅色，他的恐懼也會減輕，於是他的內心就形成了這樣一個理解，乖巧可以幫助自己應對內心的恐懼，讓自己有一種控制感。

當一個人知道怎麼做可以得到自己想要的東西，也知道如何讓別人按照自己的需要給予回饋時，他的控制感就會增強。內心控制感的增強，也會帶來安全感，這和身體的控制感增強一樣，也是討好者願意繼續採取討好行為的動力之一。

發展這樣的控制感具有積極作用，但我們要明白，這個控制感同樣存在危險，危險之處在於它是幾乎完全寄託在別人身上的。你沒有辦法決定對方怎麼看你，即便你做得再好，對方也有很大可能不按照你期待的來反應，就算他現在按照你的期待給你回饋，未來也未必會一直如此。

所以，這種控制感的基礎是空的、不扎實的。這就是很多討好者做了讓對方滿意的事，也還是不踏實的原因。

真正的控制感源於自己的內心，是對自己深深的接納。

做到這點實在不容易。討好者正是因為不喜歡自己、抗拒自己，才把對自己的接納寄託在別人身上，期待別人能夠給予好的回應，讓自己感覺被接納。

討好者愛而不得的困境

討好者最害怕失去關係，建立關係可以說是討好者的終極目的。討好者做的一切都是為了得到愛、留住愛、證明自己被人愛。

但因為內心存在深深的卑微感、渺小感，即便有人對討好者說「你很好」，他們也很難相信這是真的，有時甚至會本能地排斥，使關係變得疏遠。

他們對關係中另一方的排斥，是不知道該如何表達親密，是愛而不得的痛苦呈現。

討好者陷入了一個困境：關係太近了，他會排斥；關係太遠了，他會感覺不到關係的存在，好像什麼都抓不住。對討好者來說，這是最令他們害怕的，也是最糟糕的結果，他們一直在盡力避免。

有些討好者在關係中付出了所有，卻沒有得到尊重及珍惜，為此，他們會暴怒，甚至會絕望，失去關係帶來的幻滅感和孤獨感幾乎可以摧毀他們活下去的希望。

瞭解了討好模式的獲益，你就會明白，討好者堅持討好他人是有理由的，是有強烈動力的；與此同時，我們也看到討好行為如何保護了討好者內心脆弱的部分。這將幫助我們深刻地理解自己，也為日後突破這個模式做好準備。

07 練習

體會討好者的損失與獲益

這是思維篇的第一次練習。請你為自己的堅持鼓掌，你值得鼓勵！

不受打擾的時間和空間準備好了嗎？這是寵愛自己的時間，讓我們一起來照顧自己的心靈。

- 找一個安靜的地方，保持舒服的姿勢，無論坐著還是躺著，我們將用深呼吸幫助自己慢慢地放鬆下來。通常我們會從吸氣開始，有意識地把吸氣和呼氣變得深一些，長一些，再深一些，直到你的極限。吸氣——呼氣——
- 繼續保持你的呼吸，你將能夠注意到吸入和呼出的氣體經過自己鼻腔和咽腔的感覺，以及胸腹部的擴張和收縮。
- 將呼吸變得緩慢而輕柔，漸漸地，你的身體也會跟著放鬆下來。接下來，請慢慢地將你的意識從紛繁的外在轉移到你的內在。此時，如果有一些念頭過來打擾你，你可以請它們暫時待在一旁，你可以安心地與自己待在一起。

● 請你繼續保持緩慢而輕柔地呼吸，並同時保持與自己內在的連結。慢慢地將注意力聚焦在本次的書寫內容上。

這一章提到討好模式的損失與獲益，你經歷過嗎？你還有其他關於這些內容的體會嗎？寫下自己的體會和發現。

08

迎合 vs. 順從：如果你高興，我就是可愛的

「迎合與順從」這組邏輯，常見於暴力型家庭。

孩子在這樣的家庭中，越恐懼，越順從；越順從，越恐懼。

恐懼的感受是最讓人心神難安的。

幾乎所有的討好者，都在遭受恐懼黑洞的侵擾。

行為模式與其內在邏輯相匹配，又和內在的情緒感受聯繫在一起，討好行為也不例外。在這部分接下來的章節裡，我會分享討好者幾種常見思維邏輯，它們與前面講到的情緒感受相對應。

迎合與順從幾乎是所有討好者最常使用的策略。這是最簡單也最方便好用的策略。

懼怕權威的父母

我曾經收到一位學生的留言：「我小時候，爸爸的脾氣很差，經常吼我。我不敢和他說話，更不敢向他撒嬌。還記得學校老師說要繳班費，我不敢向他要，內心一直糾結，直到繳費的最後期限，實在沒有辦法了，我才戰戰兢兢地向他要錢。小時候的我是如此害怕父親，我太弱小了，只能討好父親。

我不敢發出自己的聲音，只能順從父親。這也導致我從小就活在恐懼、緊張之中。現在我也經常為了討好別人，臉上掛著笑容。為什麼？為什麼我要討好別人呢？這似乎成了我的習慣。我明明已經長大了，沒有什麼好害怕的，我要表達自己的情緒和想法，活成真實的自己，寵愛自己，吃想吃的，去想去的地方遊玩，活出精彩的自己。」

這則留言很生動地呈現了討好者內心的恐懼。她已經在一次次的恐懼裡學會了察言觀色，學會了隱藏自己，因為這可以讓她安心。但現在她不想再像以前那樣活著了，那樣太痛苦了。

還有一位女孩和我講了她的故事。小時候，如果她做某件事沒有滿足父母的期望，父母就會生氣發怒，還會冷落她，逼迫她按照他們的想法做事。對此，她感到非常恐懼。

但她發現，只要按照父母的期待去反應，父母就會很高興。父母高興了，發怒、不理她、給她臉色的時候就少了。這讓她感到自己是可愛的，自己有能力使父母高興。她不斷揣摩父母要什麼，只要給了他們想要的，他們就高興，她就不用再害怕了。

這個模式從她小時候一直延續到現在。她學會了各種討好父母的技巧，其中最有用的就是聽他們的話，他們說什麼就是什麼。時間久了，她不知道自己的感覺是什麼，不知道自己想要什麼，整個人好像成了一部聽話機器。對她來說，在過去很長一段時間裡，她都把自己的意志抹去了，讓自己感覺不到痛苦。

在強烈的情緒衝擊之下，人們的內心是失控的。失控中，他們便會發展出一套思維，來解釋自己的經歷，獲得對事情的控制感。

譬如，孩子在父母面前很恐懼，在思維層面上，他會覺得一定是自己不夠好、自己有問題，父母才會這麼對自己。尤其是在他順從父母之後，父母表現出特別高興的樣子，這會強化他對此的理解。「你看，我不聽話，他吼我；我聽話，他就會高興；他高興了，就不會嚇到我了。」

這個邏輯說明孩子理解事情，並且因為有父母的配合，也可以說是某些外在現實的配合，孩子對這個邏輯深信不疑。因此，他會一直按照這個邏輯行事。

暴力型家庭的創傷

接下來，我們看看這樣的邏輯來自什麼樣的家庭。我相信你猜得到：「迎合與順從」這組邏輯，常見於暴力型家庭。孩子在這樣的家庭中，越恐懼，越順從；越順從，越恐懼。恐懼的感受是最讓人心神難安的。幾乎所有的討好者，都在遭受恐懼黑洞的侵擾。

這個黑洞的原型可能是我們的父母。一位女孩向我講述了她的經歷。她說自己從小到大，幾乎沒有發過脾氣，大人對她最大的印象就是：乖。她是一個特別會為別人著想的人，很多事情都想得特別周到，周圍人也喜歡和她在一起。

鄰居都誇她聰明又可愛，功課好又有禮貌。她不能理解為什麼自己得到了這麼多誇獎，卻還是沒有放鬆的感覺。和別人在一起時，她總是不自覺地跟著別人的節奏走，沒有自己的喜好和堅持。她覺得越來越疲憊，越來越不想與人接觸，越來越不快樂。

她的父母對她疼愛有加，基本上沒有打過她，也沒有罵過她。不過她說，她好像也沒有什麼好讓父母挑剔的。一切看起來都很和諧，可是為什麼這個女孩不想與人接觸呢？直到我聽到她的其他經歷。

她有一個比她大五歲的哥哥，從小調皮搗蛋。爸爸脾氣暴躁，媽媽性格溫順。爸爸對哥哥的管教非常嚴格，一旦哥哥在外面惹了事，回來一定會挨一頓打。她小時候放學回家經常看到這一幕上演。

我們想像一下，一個小女孩見到這樣的場景會怎樣？人的本能是害怕。女孩說，她記得當時內心冒出一句話：「不要變成像哥哥這樣的人。」為什麼不要像哥哥？她不希望自己也被如此對待。

小小的她已經很清楚，淘氣、有主張、敢說真話、敢做自己在自己的家庭裡是不受歡迎、不被愛的。她害怕父母不喜歡自己，她覺得父母誇讚她、鄰居喜歡她讓她比較有安全感，她想繼續享有這種感覺，於是，她不斷地發展自己的討好策略，在與任何人的關係裡，都關注別人喜歡什麼、不喜歡什麼，然後迎合別人的標準。

自己被打和看到自己的親哥哥被打，創傷程度是相同的。看到哥哥被打造成的後果甚至有可能更重。因為目睹暴力行徑同樣會喚起心中的恐懼，再加上擔心自己也會被打，恐懼會進一步升級。

一個家庭裡，如果有一個成員被暴力對待，那麼在這個環境裡的其他人同樣也在被暴力對待。

我的好朋友說自己的爸爸不打孩子，但是他打過他們的媽媽。最要命的是，爸爸打媽媽的時候，幾個孩子都在場。

他們聽到玻璃杯摔碎的聲音，看到爸爸拿起椅子朝媽媽砸過去，看到媽媽奮起反抗，卻被打得更慘。她給我講這些的時候，我的感覺就是一個字：冷。這個家是一點溫度都沒有的。

冷，就是恐懼。戰戰兢兢中，一場家庭鬧劇落幕，孩子們在這場戰爭中看到了拳頭的力量，知道服從會帶來安全，知道溫順會讓他們免遭毒打。他們兄弟姐妹幾個都帶有不同程度的討好特徵，總給人一種特別壓抑的感覺。暴力的父親以絕對的強勢樹立了自己的權威，卻也讓他的孩子們都活得唯唯諾諾。

還有一種暴力也很可怕，即冷暴力。父母和孩子生氣了，就不理孩子，一冷就是一週，甚至兩週、一個月。父母也有心情不好的時候，生氣了可以單獨待一會，這很正常。但長時間不理孩子，是對孩子的懲罰。

很多人有過這樣的經歷，惹媽媽生氣了，第一反應就是道歉，不管是不是自己的錯都道歉。我還聽說過更加痛心的道歉方式——有的人會跪下來打自己，以此換取父母的原諒。這實在可怕，也讓人氣憤。

讓別人高興了，自己就安全了嗎？

在孩子小的時候，父母和孩子力量懸殊，父母幾乎決定著孩子的一切。孩子們的邏輯是：如果我不服從和討好，那麼我就難以讓父母滿意。

有些人認為，要讓一個人聽話，讓他足夠害怕就可以了。

在這樣的家庭中成長起來的孩子，有些長成了乖順的孩子，也有些成為倔強、冷漠，甚至殘酷的人。他們為了達到目的，幾乎使出了渾身解數。

現在我們認真地想想，問問自己：只要讓別人高興了，自己就安全了嗎？弄明白這點很重要。

很多人都不願意真正思考這個問題，這意味著要面對自己，還有那些面對後帶來的疼痛感、羞恥感。有些人確實也順從他人過了一輩子，好像沒有什麼感覺，大概也不會想到要去思考。

但是，越來越多的人會認真對待自己的感受，會發現什麼是不對勁的。時代正在不斷向前發展，人的自我意識也在覺醒，社會環境也為這種覺醒提供了條件。我們會因為越來越難以忍受痛苦而思考留在一段關係中的意義是什麼、自己是否要繼續這段關係。

08 練習

寫下迎合與順從的經驗

不受打擾的時間和空間準備好了嗎？這是給自己的寵愛。每次我們都需要至少十五至三十分鐘的時間。當我們和自己在一起、連結自己的內心時，我們會感覺更安寧。

- 找一個安靜的地方，保持舒服的姿勢，無論坐著還是躺著，動一動身體的各個關節、各處肌肉，找到最放鬆的狀態。我們會從吸氣開始，有意識地把吸氣和呼氣變得深一些，長一些，再深一些，直到你的極限。吸氣——呼氣——
- 繼續保持呼吸，你將能夠注意到吸入和呼出的氣體經過自己鼻腔和咽腔的感覺，以及胸腹部的擴張和收縮。
- 將呼吸變得緩慢和輕柔，漸漸地，你的身體也會跟著放鬆下來。接下來，請慢慢地將你的意識從紛繁的外在轉移到你的內在。此時，如果有一些念頭過來打擾你，你可以請它們暫時待在一旁，你可以安心地與自己待在一起。

- 請你繼續保持緩慢而輕柔地呼吸，並同時保持與自己的連結。慢慢地將注意力聚焦在今天的書寫內容上。

這一章提到迎合與順從，你有過類似的體驗嗎？你來自什麼樣的家庭？深入體會，寫下你在這個過程裡感受到的、覺察到的、思考到的東西。寫完之後，讀一遍。允許一切感覺發生、流淌，存在。

09

靠近vs.逃離：我不配擁有更好的生活

有時候，討好者會潛意識地被一個人吸引，
殊不知，一旦進入關係，他們就跳入了讓自己變得卑微的陷阱。
這個陷阱有可能是對方和討好者一起製造的，
也有可能是討好者自己製造的，
因為他們會想方設法換取對方的喜歡、認可。

靠近一個人，進入一段關係。對關係的深度渴望，許多討好者其實非常想靠近某人，與之建立某種關係，但往往一靠近，又像撞到什麼似的，被彈得更遠。

討好者的羞恥感　過度渴望對方的回應

一位女性朋友和我講過她的一次情感經歷。她喜歡上一位男人，那個男人對她也有好感。她覺得自己像沒了魂一樣，老想黏著對方，想方設法地討好對方，想時時刻刻和他在一起。

那個男人沒錢了，她毫不猶豫地把錢拿出來給對方，眼巴巴地指望對方會因此多跟她聊聊天；只要那個男人沒有及時回訊息，她就非常不安。

但她又沒把這些感受和渴望說出來，就這樣過了一段時間，一個晚上，她等了幾小時對方也沒有回覆她，她突然感到一種強烈的羞恥感——為了得到一個回應，她居然讓自己如此卑微。

這種感覺讓她懊悔不已，她特別恨自己：「為什麼我這麼需要他的回應？我為什麼要有這種渴望？」她緊緊地握住雙手，直到雙手抖動，她感到了一種渴望而不得的疼痛。

直到第二天，那個男人才回覆她：「為什麼給我發了那麼多訊息？你難道不知道我在忙嗎？怎麼這麼不懂事？」這樣的回饋讓她幾近崩潰，這則訊息像巨浪一樣打在她身上。「難道是我不好嗎？」她迅速陷入自責，覺得真的像這個男人說的那樣，自己不體貼、不懂事。她覺得自己變成了男人眼中不乖巧的女人。她繼續窮思竭慮，思考怎樣做才能讓這個男人滿意。

這時，她仍然在出讓自我，並繼續在關係裡卑微地討好對方。她想要這個男人的回應，男人不給，她繼續付出，繼續失望，最後他們的關係越來越失衡，對方不回應的次數越來越多，她也越來越崩潰。

我問她：「要是你不做他眼中懂事的小女人，會怎樣？」她想了想，說：「那太可怕了。他一定會覺得我很不好，不會再喜歡我了。」

「然後會怎樣？」

「如果他不喜歡我，我就會覺得自己非常沒有價值，真的生不如死啊。」

「所以，你寧可犧牲自己，也要留在這段關係裡。好像這樣做可以換來『你覺得我好，我就好』的價值感。」

她沉默了，一直以來，她都過於主動，很多次為了對方的一個回覆，等到懊悔不已。之前，這種感覺不明確也不強烈，但累積多了，才在那天晚上爆發了，結果又被對方一句「你不懂事」逼了回去。

她非常熟悉這種關係模式，以至於不覺得這有什麼問題。她甚至認為，如果有問題，也是她一個人的問題。所以，她拼命地改、調整。但是，那個男人好像並沒有因此對她更好，反倒對她更漫不經心。

在更大的衝突爆發時，她終於清晰地看到：對她來說，靠近一個人是多麼危險。一旦對一個人抱有期待，她就想要撲過去迎合對方，等待對方回饋的過程令她煎熬，直至焚燒了她自己。

與其說她痛恨對方沒有回應她，不如說她更痛恨自己為什麼要有願望和期待。她不想被這樣羞辱，害怕這種感覺捲土重來，她立志要保護好自己，於是決定離開那個男人。

故事到這裡當然沒有結束，這個女性朋友在她的自我成長之路上仍然磕磕碰碰，好在，她越來越有力量了。她終於開始糾正自己內心深處的觀點：「我不夠好，我不配得到一段關係，我靠近你，你就會苛責我。」

當一個人既不能改變他人又對自己的願望無能為力時，就會攻擊自己，譬如怨恨自己為什麼要有這樣的願望。就像我這位女性朋友一樣。**攻擊自己顯然比攻擊別人安全多了。無助的人最容易攻擊自己，當討好者在關係裡感到非常不安全時，他就會把攻擊的矛頭指向自己。**

在她的故事裡，討好者與被討好者的關係是失衡的。被討好者，即她的男朋友，以一種貶低、指責的方式對待她（討好者），甚至會喝斥、辱罵她。這些都會喚起討好者強烈的羞恥感，讓她們覺得自己非常差勁。

苛責型家庭的創傷

回顧討好者在這種關係模式中的成長經歷，你會發現他們多數來自苛責型家庭。在這樣的家庭中，孩子沒有尊嚴可言。不管孩子做什麼，父母似乎都不滿意，他們永遠會說孩子這個沒有做好，那個沒有做好。

父母用貶低的方式苛責孩子，孩子就會接受父母的貶低，認爲自己是糟糕的、不優秀的，就更加希望父母能夠認可自己、接納自己。

苛責型家庭的家庭氛圍是緊張的，每個人對犯錯都超級敏感。因為父母習慣於指責，孩子會認為自己要為很多事情負責任。反過來，孩子也學會了指責他人、指責自己。

每個家庭成員都沒有空間來容納自己的「不夠好」。在他們看來，不夠好就意味著羞恥，意味著不配擁有更好的生活。在這樣的家庭中成長起來的孩子，會對自己特別嚴苛，他們要求自己必須完美，並以此討好父母，希望可以讓父母滿意。

一個女孩說，父母對她做的每一件事都有要求：怎麼拿筷子、怎麼用紙巾，連坐姿都要反覆矯正，只要發現她沒有按照他們說的去做，他們就會用筷子敲她的手心。

當她好不容易完成父母的要求後，父母又開始把目光轉向其他方面，譬如，要求她穿什麼樣的鞋子，頭髮要紮成什麼樣子等。不管她怎麼做，父母總能在她的身上找到不夠完美的地方。

女孩對自己極其嚴苛，她像父母挑剔她一樣挑剔自己，對自己永遠不滿意。她很想討父母歡心，為此不斷壓抑自己，最後又用暴飲暴食攻擊自己。

用一個「完美」的自己換取父母的接納和認可，是討好者一直以來的幻想且認爲自己一定能做到。若對關係的體驗非常糟糕，討好者會希望被討好者改變想法和做法。在這種幻想的驅使下，討好者不但不會脫離這段關係，反而會繼續處在這段關係裡，期待自己的改變能夠讓對方滿意。

並不是每一個討好者都能從失衡的關係裡走出來，能否走出來取決於他們對改變對方的幻想有多深、多強烈。

有的人只需要經歷一些小的疼痛就會做出改變和思考，但有的人需要很大程度的疼痛刺激。遺憾的是，只有極少數父母會發生改變，大多數父母一輩子都看不見自己孩子的內心需求，也不認可、不接納孩子。

如果一個孩子渴望父母接納、認可的願望一直未被滿足，那麼在他成年之後，其內心需求就會被投放到伴侶關係、工作關係，甚至親子關係裡。

但在每一段關係裡，這些人都是緊張的，因為在每段關係中似乎都有一個嚴苛的人在等著他。他必須一直努力，一直上進，一直完美，直到自己再也跑不動、精力耗盡為止。

學會用成人的姿態與他人相處

有時候，討好者會潛意識地被一個人吸引，殊不知，一旦進入關係，他們就跳入了讓自己變得卑微的陷阱。這個陷阱有可能是對方和討好者一起製造的，也有可能是討好者自己製造的，因為他們會想方設法換取對方的喜歡、認可。

我們一旦把自己的位置放得比較低，就有可能被羞辱，像小孩一樣脆弱無助。若不想被羞辱，就要學會以成年人的姿態，與他人平等相處。

很多討好者尋求成長和幫助，是因為他們覺得自己在關係裡無力承受，需要尋求突破。這當然是不容易的，這意味著他們要去面對內心深處不願意被觸碰的傷痛。但是，直接面對痛苦、幻想，是改變自己的第一步。

讓父輩做出改變很難。作為子女，我們幻想父母能改變，給我們一個認可、鼓勵或道歉，這其實是很難的。我們要認清現實。如果父母不改變，我們還可以做什麼？

我們還可以同自己的孩子一起實現二次成長。我們的孩子會比我們幸運得多，因為他們有願意成長的父母——現在正在看書的你們。你們是最有機會改變的，這是對自己認真負責的態度，是送給自己改變的最好的禮物，也是送給孩子最美好的禮物。

讓我們習慣性地給自己更好的照顧與寵愛。

09 練習

思考自己在關係中的感受

你需要準備十五至三十分鐘不被打擾的時間。和自己在一起，連結自己的內心，我們會感覺更安寧。

- 找一個安靜的地方，保持舒服的姿勢，無論坐著還是躺著，動一動身體的各個關節、各處肌肉，找到最放鬆的狀態。我們會從吸氣開始，有意識地把吸氣和呼氣變得深一些，長一些，再深一些，直到你的極限。吸氣——呼氣——
- 繼續保持你的呼吸，你將能夠注意到吸入和呼出的氣體經過自己鼻腔和咽腔的感覺，以及胸腹部的擴張和收縮。
- 將呼吸變得緩慢而輕柔，漸漸地，你的身體也會跟著放鬆下來。接下來，請慢慢地將你的意識從紛繁的外在轉移到你的內在。此時，如果有一些念頭過來打擾你，你可以請它們暫時待在一旁，你可以安心地與自己待在一起。
- 請你繼續保持緩慢而輕柔的呼吸，並同時保持與自己的連結，慢慢地將注意力聚焦在今天的書寫內容上。

當你進入一段關係後，你在這段關係裡感受到了什麼？你會擔心被對方苛責嗎？你的擔心是事實還是想像？你來自什麼樣的家庭？寫下這些思考。

10

付出 vs. 補償：被苛責，還是一直過度付出

過度付出是以透支自己未來的生命活力為代價的。

討好者之所以拿自己的活力做賭注、冒風險，是因為他們相信，在他們用盡心思討好的人身上，有他們想要的東西。而這個東西，很奢侈，很稀少，很難得到，那就是愛。

付出與補償的邏輯是這樣的：如果我對你付出，你就會給我愛；如果你沒有給我愛，我就會心生不滿和怒氣，而這讓我感覺傷害了你，我會內疚，於是開啟補償模式。過度付出太常見了，很多人在過度付出時，連他自己都沒有意識到。

如果你在關係中一開始總是很積極、充滿能量、可以處理各種事情，而一段時間之

後，你好像什麼也做不了，沮喪至極，那麼你可能已經經歷了過度付出。

過度付出是以透支自己未來的生命活力為代價的。討好者之所以拿自己的活力做賭注、冒風險，是因為他們相信，在他們用盡心思討好的人身上，有他們想要的東西。而這個東西，很奢侈，很稀少，很難得到，那就是愛。

在關係裡，討好者一開始就把自己定位成卑微、弱小的存在，覺得自己沒有被愛的權利，要費盡心思從別人那裡得到愛。

這種關係是帶著憤怒的：若我透過委屈自己交換你的愛，我必然對你有很高的期待；我付出了這麼多，你要給我我想要的東西。

那麼對方有這種東西嗎？可能有，也可能沒有。就算有，對方願意給嗎？不一定。這是一場瘋狂的賭局，而且勝算太小。

這也是成年人在親密關係中常見的困惑。很多人賭輸了，無法接受結果，於是進行瘋狂反擊，反擊之後，他們又會後悔，想要補償。親密關係裡，很多人都是這樣的，反覆幾次，雙方都疲憊不堪。

如果說這樣的關係只出現在成年人之間，就過於侷限了。很多人小時候不得不討好自己的父母時，也會有這樣的感覺。

互相討好的親子關係

孩子通常是最知曉父母心意的人，他們寧可犧牲自己，也要成全父母。有人認為孩子的成長是一場悲壯的旅行，他們願意把自己的一切拿出來，換得父母的愛。但這個假設意味著孩子覺得自己本身是不值得被愛的，需要拿自己的東西去交換愛。

這樣的孩子經常會把父母的稱讚、認可和高興理解為愛，他們會樂此不疲地犧牲自己，他們甚至不會說「不」，只會說「好」。只要父母高興，一切付出都是值得的，因為在他們看來，只要父母高興，自己就得到愛了。

這樣的孩子內心非常缺乏安全感，他們的周圍佈滿了需要討好的人。因為孩子會覺得「只有父母高興，我才可以放心」，他們會給自己設立非常高的目標，不斷努力，讓父母看見自己很好、很優秀、很成功，以為這樣父母就會高興。

親子之間經常發生這樣的事：媽媽對孩子的需求鉅細彌遺地關心，時刻處在備戰狀態，目的是當一個好媽媽，讓孩子滿意，並把這當成最大的成功。但是，孩子總有不滿意的時候，媽媽的願望隨時都有破碎的危險。

如果一個人為人父或為人母的時候，總忍不住想討好自己的孩子，那麼我們可以推測，他在幼年期、童年期甚至青少年期就一直在討好自己的父母。成年後，他雖然成為生理上的父母，內心卻仍保持孩子的狀態。他把自己的孩子當作依賴的對象，依賴孩子給予自己好的回饋，這讓他感覺自己是個合格甚至優秀的家長。此刻，孩子就化身為他曾經需要討好的父母。

討好的核心指向「我夠不夠好、夠不夠有價值」，討好者似乎把這些建立在可以爲對方提供多少價值上。

一位新手媽媽說，由於自己沒有母奶，常常感到內疚，擔心不能為孩子提供母乳，孩子會免疫力低下，將來和自己不親近。她天天都很緊張、焦慮，總是補償性地想給孩子買各種好東西。

但與孩子待在一起的時候，她又感覺自己無法靠近孩子，連結不了孩子，於是更加內疚。她說，她能明顯感覺到自己在討好孩子。

母親十月懷胎生下孩子，母子之間有其他人無法超越的連結。但母親本身不被愛的經歷和體驗，使她無法相信自己可以在和孩子的關係裡享受愛與被愛。

沒有母乳的新手媽媽無法相信自己會給孩子帶來價值，無法靠近孩子，其實是因為她在自己和孩子之間放置了很多焦慮、恐懼、憤怒以及無能為力，這擋住了她和孩子連結的通道。而孩子的哭鬧又使她認為自己付出得不夠多，因此無法獲得孩子的愛和親近。

還有一種常見的付出模式：父母對孩子有非常高的期待，孩子覺得只有自己成為父母想要的樣子，才對得起他們；一旦無法做到，就覺得自己背叛了父母、傷害了父母。

在這裡，孩子的邏輯是：如果我對你付出，我就對你有價值，你就會愛我。一方過度犧牲、過度付出，一定會給另一方帶來很大的壓力，結果往往是沒有得到想要的愛，還招致更多的恨。

高期待型家庭的創傷

通常，高期待型家庭容易培養出這種類型的討好者。

這裡還有一個故事。一個家境並不富裕的女孩，從小就被父親告誡，必須成績好，只有考上好大學、進入好公司，她才能擺脫貧困，得到周圍人的尊重。

父親對她的教育近乎苛刻，任何時候都要求她快速達成目標，不能耽誤時間。她被要求專心看書，其他事都可以不做；不能在意穿衣打扮，要把所有精力都放在學業上。只要她的成績好，父親就高興；成績不好，父親就唉聲歎氣，極其失望。

她說她最害怕父親失望，父親傷心好像比自己傷心還讓她難過。父親所有的快樂都與她的成績掛鉤，壓力特別大時，她就一本習題接一本習題地做題。

害怕父母傷心，滿足不了父母的期望，孩子就會內疚，這種痛苦折磨著她，為了緩解內疚，她奮力學習，一點時間都不肯放鬆。女孩在討好父親時，多少有一些悲壯。在那樣的環境裡，她是父母唯一的指望，她的命運和整個家庭的命運連在了一起。

後來，女孩終於考上了知名大學，畢業後也進了很好的公司，但是她嚴重懷疑自己的能力，總擔心自己會讓主管失望、讓同事們失望。她天天催促自己進步，一定要有所學、有所成長，但她對工作越來越沒有信心，沒有辦法從工作中汲取養份，總擔心別人說她不夠努力、不夠好。

雖然她已經長大了，生活條件也得到了極大的改善，父親也不再需要她的拼搏了，但她根本停不下來。在她內心深處，父母仍然對她寄予厚望，讓她不斷奔跑。

幾乎在所有高期待型家庭中，父母都把內心的無助感甩給了孩子，讓孩子背起沉重的負擔。父母也不是有意這樣做，只是因為他們自己無法改變現狀，只能把家庭的命運和孩子捆綁在一起。殊不知，他們深深的失望與歎息，對孩子來說實在是太沉重了。

如果不去滿足他們的期待，孩子很容易內疚、自責，攻擊自己。高期待的背後是「你不夠好，你不配擁有我對你的稱讚」，這是一種深切的苛求和貶低的態度。

高期待代表的是嚴厲的「超我」，精神分析之父心理學家佛洛伊德將它稱為「道德自我」。這個自我要求你必須想著別人，近乎絕對的利他。只要沒做到，就會受到道德的懲罰。我們內心經常會認同這個道德自我的要求。

父母也會動用這種道德自我，對孩子說：「爸媽都是為你好，你要不斷努力，不斷進步，這樣才能有好工作，才能出人頭地，別人才能接受我們。」孩子也會認同：「我就是要做到最好，這樣我才有價值。」

孩子們真正想要的是什麼呢？在小時候，他們最想要的是愛。他們可能無法理解完美的人生是什麼樣子的，但他們能捕捉到的訊息是「父母是否會因為我做的事情而高興」、「父母是否會愛我」。

父母的高期待很容易傳遞這樣的訊息：「如果你滿足了我們的期待，你就會得到你想要的東西。」他們就像畫了一張餅，孩子們達到要求就能吃到餅，殊不知，孩子半路就餓暈了。

孩子們篤信那樣做會得到愛，直到精疲力竭、再也跑不動為止。這時父母還會苛責：「你怎麼變成這樣的孩子了？你怎麼連這些都做不到？」被苛責的後果是，活力從心底被抽走，孩子們開始攻擊自己，覺得自己糟糕透了。

要是能夠從這種狀態中覺醒，看到父母的苛責是永遠也沒辦法到達的遠方，孩子們的人生境遇也許會有所不同。

經驗痛苦後的覺醒

我聽過很多這類心理故事。我們內心的覺醒基本上都發生在遭受巨大的痛苦之後。心靈深處的那些真切的疼痛，讓我們開始反思：「我到底要什麼？要去哪裡？我到底是誰？我們的父母到底有沒有愛過我們？他們有多愛我們？」

痛苦是一劑我們都不喜歡的良藥，但要想覺醒，我們必須靠它。

我們會痛苦，很有可能是因為沒有看到真實的世界，只看到了世界的某幾個角度。事實上，我們是在自己的世界裡掙扎。

當你真的想明白上面那些問題後，你的生活可能會變得不一樣。當你努力獲取父母的愛時，你可能正在失去對自己的愛。如果你的父母在聽到你的訴求之後，願意改變，願意看見你的內心，那是莫大的幸事。

很多父母偶爾也會發現自己對孩子過於苛刻，隨即開始寵著孩子，但當他們發現孩子讓自己不滿意時，就會認為是自己把孩子「寵壞了」，於是重新變回嚴苛的樣子。雙方就這樣僵持著，在付出、憤怒、補償、苛責，彼此討好又互相怨懟中，勉強地應付著雙方。

我相信每一顆生命的種子都有嚮往自由的力量，等你準備好，就會開始生長。

10 練習

反思關係中高期待付出與補償的模式

又到了照顧自己心靈的時間了，這是寵愛自己的時間，同樣需要準備十五至三十分鐘不被打擾的時間。和自己在一起，連結自己的內心，我們會感覺更安寧。你準備好了嗎？

- 找一個安靜的地方，保持舒服的姿勢，無論坐著還是躺著，動一動身體的各個關節、各處肌肉，找到最放鬆的狀態。我們會從吸氣開始，有意識地把吸氣和呼氣變得深一些，長一些，再深一些，直到你的極限。吸氣——呼氣——
- 繼續保持你的呼吸，你將能夠注意到吸入和呼出的氣體經過自己鼻腔和咽腔的感覺，以及胸腹部的擴張和收縮。
- 將呼吸變得緩慢而輕柔，漸漸地，你的身體也會跟著放鬆下來。接下來，請慢慢地將你的意識從紛繁的外在轉移到你的內在。此時，如果有一些念頭過來打擾你，你可以請它們暫時待在一旁，你可以安心地與自己待在一起。

- 請你繼續保持緩慢而輕柔地呼吸，並同時保持與自己的連結，慢慢地將注意力聚焦在今天的書寫內容上。

你在關係裡有高期待付出與補償模式嗎？你對這個部分有什麼看法？請你寫下來並讀一讀你寫的文字。

11

失去 vs. 獲得：在幻想中，拒絕別人就會被拋棄

事實是，不是你不拒絕，對方就會永遠和你在一起。有自己的想法、思考、決定，敢於說「不」，這些都關乎一個人的心理邊界。

失去邊界的人心理狀態常常是這樣的：「我不能拒絕，如果我拒絕了別人，我就會被拋棄。」

這個邏輯其實是與無力感相連的。討好者常常對自己的邊界沒有明顯感覺，他們認爲在關係裡，所有事情都要由自己去解決，由自己去負責，所有事情都要做得妥貼，所以，他們極容易主動承擔過多的責任。

滿足老公小孩的期待卻失去了自我

一位在不幸婚姻裡痛苦糾纏了八年的女士，在向我講述她的婚姻經歷時，痛哭流涕。她是一名家庭主婦，在家庭裡主動承擔了很多事情。不管丈夫還是孩子有需要，她總是想盡辦法滿足他們。這樣的狀態，讓她一度覺得自己非常有價值。

老公賺錢，負責家裡所有的開銷，她照顧家庭，日子看起來也越過越好。直到丈夫有了外遇，她忽然覺得自己這麼多年的付出就像一個天大的笑話。

她原本的設想是，與丈夫一直幸福美滿地生活下去。但老公出軌的打擊幾乎讓她崩潰，與此同時，她注意到孩子對她也越來越沒有禮貌，說話很不客氣。她細細想了想，這種情況其實從很早就開始了，老公和孩子都不尊重她的傾心付出。

此前她從來沒有想過，自己會被丈夫拋棄、被孩子嫌棄。她一直都覺得自己和他們是連在一起的。

老公喜歡運動，她也去運動，雖然她並不享受運動，但老公喜歡的她就會去做；她沒有自己的時間，所有時間都用來關注丈夫和孩子的需要，仿佛自己是為他們而生的。

她幾乎不會對老公和孩子說「不」，在她的觀念裡，說「不」是不被允許的。她沒有自己的邊界，只有一味地滿足別人的要求；她沒有獨立的自我，只有圍著丈夫、孩子轉。在丈夫想要和她離婚的日子裡，她感覺天都要塌了，難以想像自己做了這麼多為什麼還會被拋棄。

老公給她的回饋是「和你在一起太沒意思了」；她沒有自己的愛好，沒有自己獨立的思想，她甚至不瞭解自己喜歡什麼顏色、有什麼理想。她從來沒有試圖瞭解自己，她把所有的精力都放在瞭解別人上。

她對孩子喜歡什麼、老公喜歡什麼瞭若指掌，但這並沒有拯救她岌岌可危的婚姻，她像一根藤蔓，把自己纏進了丈夫和孩子的生命裡。她沒有獨立的人格、獨立的自我，當然，她也無法進入老公的內心世界，她無法真正理解別人，更無法理解自己。

她用自己所有的精力換來一段看似安穩的生活，在婚姻裡，她幾乎完全失去了自己。現在，她依附在丈夫身上換取的幸福就像一場雲煙般消散了。

被拋棄的恐懼折磨著她，好像沒有這個男人、沒有這個家，她就要活不下去了。以前她不敢拒絕家人的需求，也不明白為什麼不敢。現在，這種恐懼呈現在她面前，她才發現，原來自己是那麼害怕別人不喜歡自己、嫌棄自己、離開自己。在她的內心深處，她覺得自己一點價值都沒有，必須依附別人，像奴僕一樣卑微地存在。

她有這樣一個邏輯：我拒絕他，他就會拋棄我。這是她心底最深的恐懼，也是她堅信的幻想之一。她認為只要自己不拒絕，那麼被拋棄的事情就不會發生，只要自己付出所有，就能擁有一切。

這樣的幻想邏輯是一個自戀的遊戲。事實是，不是你不拒絕，對方就會永遠和你在一起。有自己的想法、思考、決定，敢於說「不」，這些都關乎一個人的心理邊界。

這位女士沒有邊界的概念，更沒有維持邊界的力量，她的生活出現這樣的軌跡，並不令人意外。

過度控制型家庭的創傷

那麼，這樣的人難道無法改變了嗎？當然不是，很多人的成長恰好就發生在這種改變的時刻。只要你沒有被衝擊擊倒，你就有機會振作起來，學習建立自己的邊界，給自己灌注力量。

我們需要更多的理解、思考、感受、行動，才會發生變化。在此，我們先來瞭解這種沒有邊界、沒有拒絕能力的討好者，通常來自怎樣的家庭。

過度控制型家庭容易培養出這樣的討好者。無論在我們的日常生活中還是內心世界

裡，都需要規則，但規則不是過度控制，過度控制會使人性格僵化，所以除了控制，我們還需要自由。

控制型家庭顯然在控制的力量上是過度的。越是控制過度的家庭，孩子的能量越弱。當家庭的控制力極其強大時，孩子為了適應成長環境的需要，會削弱自身的力量。

孩子不認為自己的自由意志可以延伸，於是不得不壓抑它們。這種家庭營造了一種令人緊張、無法放鬆的氛圍。

控制一：一方很強大，使另一方不能拒絕的控制

控制的表現分為兩種。一種是一方很強大，使另一方不能拒絕的控制，即「你什麼都要聽我的，我說的才是正確的」。這種邏輯在控制型家庭中很常見。

前文中提到的女士，她的家庭就是這樣的。她的父親在家裡是絕對的權威，兄弟姐妹們都不能有自己的意見或想法，他們都是透過父親這扇窗去瞭解他人、瞭解世界的。

在家裡，母親也對父親言聽計從。曾經母親是有自己的意見的，但是父親反對得很堅決。譬如，當母親拒絕做一件事情的時候，父親會說：「你竟然敢反抗我？你也不看看，是誰在管你吃管你穿？」

這樣的話極具殺傷力，很多討好者認為，向對方說「不」就代表自己做的是錯的。父母掌握著自己的生活，如果反抗，他們就不管自己了。其中的邏輯可以這樣理解：「如果我拒絕了你，我就會被你拋棄。」

一切都掌握在他人手裡的人，很難覺得自己有力量，除了屈服還是屈服。久而久之，他們就會覺得有自己的想法是一件特別難的事情，沒有人會支持、幫助自己，自己的請求也不會得到允許。因此，自己不要有思想，不要做什麼決定，才會讓事情變得簡單易行。

這樣的人還會封閉自己的情感，以便像機器一樣去做事情，這樣自己不會很痛苦。

這種對方很強，讓人不敢拒絕的情形，職場中也很常見。這和「主管委派一個超出工作範圍的任務，自己再累也不能拒絕」，本質上是屬於相同的問題。

控制二：一方很弱，使另一方不能拒絕

控制的另一種表現是：一方很弱，使另一方不能拒絕。弱者讓人不能拒絕的一個很重要的原因是，拒絕弱者，會讓人覺得自己很不好，覺得自己在傷害他人。

父母常見的撒手鐧之一是「你這是讓我去死」。有些父母會對孩子說：「你如今翅膀硬了，我們老了，如果你不聽我們的，我們就要去死。」

電視劇《都挺好》裡的蘇大強就是一個典型的用弱者方式來控制孩子的人。他經常說的話就是：「我一個老人，我怎麼辦啊？你們不能不管我啊。」言下之意就是，如果你說「不」，你就不道德、不仁義、不懂事、不厚道……。

道德綁架是一件鋒利的武器。一旦拒絕對方，人們的整個道德體系就好像會瞬間聯合起來攻擊自己，這實在太可怕了，沒有人敢承擔這樣的後果。正是這樣，蘇家的老大、老二，才不斷地討好這個「巨嬰」老爸。

維護自己的心理邊界

不管對方是強是弱，討好者總會遇到掛住自己的鉤子，其心理邏輯都是：不能拒絕；如果拒絕，就會被他人拋棄、被社會拋棄。

在我的攻擊性課程中，一位學生這樣留言：「多少年來，我對公婆都是順從、委曲求全，我深以為自己的善良和寬容，他們會知道的。原來這是一個巨大的錯誤。我沒有換來他們的真心對待，這是最令我受傷的。我對公司主管和同事，委曲求全，不好意思拒絕，也不敢說出自己的想法，我總是儘量讓別人快樂，讓自己活得很累。委屈、恐懼、膽小，讓我不斷地討好，這種惡性循環和內耗深深地傷害了我。」

有自己的邊界，能維護自己的邊界，才是對自己最好的保護。討好者要試著走出「付出就不會被拋棄」的錯誤觀念，因為一味付出只會讓自己的犧牲變得越來越沒有價值。

練習 11

在關係中不能「說不」時的內心感受

又到了照顧自己心靈的時間了。關於呼吸放鬆，你是不是越來越熟練了呢？有沒有感到越來越舒適？

現在，一段十五至三十分鐘不被打擾的時間，你準備好了嗎？

- 找一個安靜的地方，保持舒服的姿勢，無論坐著還是躺著，動一動身體的各個關節、各處肌肉，找到最放鬆的狀態。我們會從吸氣開始，有意識地把吸氣和呼氣變得深一些，長一些，再深一些，直到你的極限。吸氣——呼氣——
- 繼續保持你的呼吸，你將能夠注意到吸入和呼出的氣體經過自己鼻腔和咽腔的感覺，以及胸腹部的擴張和收縮。
- 將呼吸變得緩慢而輕柔，漸漸地，你的身體也會跟著放鬆下來。接下來，請慢慢地將你的意識從紛繁的外在轉移到你的內在。此時，如果有一些念頭過來打擾你，你可以請它們暫時待在一旁，你可以安心地與自己待在一起。

• 請你繼續保持緩慢而輕柔地呼吸，並同時保持與自己的連結，慢慢地將注意力聚焦在今天的書寫內容上。

在關係裡，在你不能拒絕的時候，你的內心是怎樣的？可以專注在一件事情、一個人身上，想一想，其中藏著怎樣的思維邏輯？你如何理解它們？

如果有，你可以寫下來，寫完之後，讀一讀自己的文字。

12

存在 vs. 消失：如果我們不分開，我就永遠不會孤獨

能夠自處自如，不怕孤單且享受孤單的人，
內心是有一個愛他的人；我們內心空虛其實是因為感覺不到被人愛，
所以一直在關係裡面抓取，以此留住愛。

討好型人格的最後一個思維邏輯：如果我們不分開，我就永遠不孤獨。它對應的是討好者內心強烈的空虛感與孤獨感。

有一種關係很容易呈現近乎躁狂的狀態，這種關係就是戀愛中的親密關係。人們在戀愛的時候，覺得一切都很美好，會將對方理想化。所謂「情人眼裡出西施」，熱戀似乎可以讓人感覺很豐盛、幸福、充滿希望。

戀愛關係中的美好幻想

很多戀愛中的人，尤其是女性，很容易不自覺地陷入這樣的關係，表現為不顧一切地為對方著想。無論心甘情願地給對方花錢，還是為對方解決各種各樣的問題，討好者的目的都是和對方黏在一起、不分開。有時候，他們也會對這種關係模式產生不舒服的感覺，但還是堅持要與對方在一起，一心認為他們不能分開，也不願意分開。

在關係的初始階段，有很多美好的幻想作為支撐，譬如，「你那裡有我想要的東西（學識、樣貌、閱歷、收入、思想等）」、「我和你在一起覺得很有力量，好像我也擁有了這些」。

在這種幻想的支撐下，透過這段關係，討好者內心的孤獨黑洞彷彿被填滿了。這種感覺可以抵抗空虛，所以很多人就是想和戀愛對象黏在一起。

這裡有一個思維邏輯，即「如果我和你存在於一段關係裡，我就能從你那裡得到我想要的一切，這樣，我就不會再孤獨了」。

這個令討好者深信不疑的邏輯，決定了討好者在關係中的地位，尤其是當對方並不這麼認爲時。討好者像是在玩非常危險的遊戲——他將自己戰勝孤獨、空虛的渴望完全寄託

在和另一個人的關係裡。這爲他的悲劇埋下了伏筆。

人們害怕什麼，就會被什麼控制。

如果害怕失去一段關係，人們就會特別想留住這段關係，會維護這段關係，失去關係的恐懼會掩蓋自己在關係中真實的一面，讓他有意無意地要求對方必須提供安全感。當親密關係中的另一方越來越不自由時，掙脫關係的情況就會發生。

愛情的保鮮期總是很短暫，雙方帶著對彼此的幻想進入親密關係，每個人都期待對方呈現自己想要的樣子。現實的「眞相」就在於親密關係中，沒有人能夠一直保持令對方完全滿意的樣子。

在愛情中，吸引我們的物件，很可能具備我們原生家庭中某個重要人物的特質。在原生家庭裡，你是怎麼對待和被對待的，你在新的關係裡就會重複這樣的對待與被對待；在原生家庭裡沒有得到的，便想在這樣的重複裡，圓滿得到。

「墜入愛河，是我們的文化中唯一一種可以接受的精神病。」《共情的力量》（The Power of Empathy）一書中引用了精神分析學家艾爾文．塞姆拉德（Elvin Semrad）的這句名言。當我們遇見愛情，就希望那裡有拯救自己的人。對愛情裡另外一方的期待像對拯救者的期待，對他們的付出甚至也像對拯救者一樣慷慨和虔誠。同樣，人們對愛的瘋狂與執著就如同精神病患者對自己堅信的東西那樣堅不可摧。

人們對愛的癡狂，背後是對融合的強烈渴望，也是對孤獨、空虛的積極反應。能夠自處自如，不怕孤單且享受孤單的人，內心是有一個愛他的人；我們內心空虛其實是因為感覺不到被人愛，所以一直在關係裡面抓取，以此留住愛。**甚至很多討好者認爲，只要存在於一段關係裡，自己就是被愛的。這就會導致，哪怕關係讓人不適，有些人也會留在關係裡，因爲在關係裡會有希望。**

這其實很悲哀，對愛的需求本來是人的一種基本需要，最後卻變成了卑微的索求。討好者的這種思維邏輯伴隨著內心深刻的悲傷與疼痛，但這疼痛也會喚起他們思考的動力。

忽略型家庭的創傷

帶著這個邏輯，我們也可以問自己：「難道只有眼前的這個人才能滿足我對抗孤獨的需要嗎？難道孤獨感只能用這種方式應對嗎？在關係裡，我可以怎樣有尊嚴地滿足我的需求？我應該如何應對自己在關係裡的失望與恐懼？」

這些問題對我們突破現有的討好模式有所說明，除此之外，我們還要看看這種討好的思維模式在什麼樣的原生家庭裡容易出現。

忽略型家庭比較容易培養出低自尊的討好型孩子。在忽略型家庭中，父母對孩子的很多事情都不在乎，他們的注意力幾乎都在自己身上，也不覺得孩子的事情有什麼重要。在忽略型家庭裡，成員之間的連結都非常薄弱，孩子作為家庭的一員，經常有一種不存在的感覺。

一、低自尊感的孩子

這種低存在感帶給人的衝擊通常是彌漫式的。如果說，在之前提到的幾種家庭關係中，父母對孩子保持緊密的關注，**那麼在忽略型家庭中，親子關係則是抽離的。孩子甚至感覺不到關係的存在，其內在會處在一種彌漫式飄浮狀態中，沒有紮實牢固的感覺。**

有這樣一個女孩，她的爸爸媽媽工作都很忙。在她很小的時候，她每天被安置在不同的親戚家，每天都要待到很晚，爸爸媽媽才能去接她回家。

她說，放學時，她最渴望的是到自家樓下時，能夠看到家裡的燈是亮著的，父母在家等她，餐桌上有美味的食物。但是，這樣的溫暖時刻實在是太少了。爸爸媽媽永遠有做不完的事情。

這位女孩覺得自己並不重要，她想，如果自己重要，那麼為什麼爸爸媽媽不能多花一點時間陪伴自己，而總在沒日沒夜地工作呢？她覺得自己沒有價值，不值得被愛。

當一個孩子持續性地被忽略，她就會慢慢習慣被忽略。即使被關注，也會懷疑這種關注不是真的。這樣的人在親密關係裡會呈現疏離的狀態——一種隨時可以逃跑的狀態，不和別人太親近。這是她過往的生活經歷告訴她的。

女孩說，她害怕與任何人有親密關係，她在潛意識中會自覺地滿足對方的願望。如她只會暗自傷心，卻不會對父母說她需要他們為她留在家裡。她覺得父母很快會離開，所有的親密關係都會很快結束，所以，乾脆不要進入關係。

若她在某一個瞬間感覺到關係中的溫暖，就像黑暗的房間開啟了一扇小窗，她很可能會直接撲過去，就像久旱逢甘露的大地，不惜一切代價想要留住它。

二、重男輕女不平等的關愛

還有一種忽略型家庭有比較的習慣，譬如父母重視男孩，忽略女孩，女孩會明顯感覺到自己沒有男孩重要。在這種家庭關係裡，女孩眼見著哥哥或弟弟占有資源，而自己想要的總是得不到。有的女孩長大之後，會不斷地為哥哥或弟弟付出，甚至毫無保留地幫助哥哥或弟弟。

在潛意識層面，得不到資源本質上就是得不到愛。很多得不到愛的孩子會加倍努力來換取父母的愛，譬如，變得更加聽話、懂事、成功、孝順，這是一種很經典的討好。

有一位女士，父母不斷地向她要錢，要把她的錢給他們唯一的兒子，也就是她的弟弟買房子。這幾乎要搬空她自己的小家，只差沒有為父母借債了。她很生氣，她的父母卻說：「你怎麼變了呢？你以前不是這樣的。」

這位女士悲憤交加，這麼多年，父母無非把自己當成一棵「搖錢樹」，她從未被父母真正愛過，他們只愛她的弟弟。她以為只要自己足夠優秀、不計成本地幫助父母和弟弟，就能留住父母對她的愛。但當她不得不面對父母就是把弟弟看得比她重要得多的事實時，她多年的信念坍塌了。

不斷地給父母錢，幫助他們搞定一切麻煩，最終父母還是很失望，被愛的泡沫就這樣無情地被戳破了。討好，的確幫助她維持了多年和父母看似和諧的關係，可是在某一個偶然又必然的時刻，她遭受了致命的一擊。正是這致命的一擊喚醒了她。

她開始真正思考自己與父母的關係，這也為她往後的人生敲開了一條縫，真正為自己活著。

三、孩子成長空間的忽略

另外，還有一種忽略，是父母看起來都很關注孩子，但這個關注超越了正常的界限。譬如，他們非常關注孩子是不是吃飽穿暖、學業有沒有退步，也很關心孩子的心理狀況，願意用各種方法讓孩子開心。

很多人覺得這樣的父母很完美。但我認爲，過度關注孩子的家庭，往往會忽略一個非常重要的部分——空間。

父母的眼睛始終在孩子身上，對孩子而言是很可怕的，父母可能對孩子投射了某種焦慮和無助。任何時候，孩子一有風吹草動，他們就立馬衝出來，為孩子解決問題。

其實，孩子的成長一定會經歷挫折，孩子會感到挫敗，感到憤怒，會沮喪，甚至哀傷，這是心理發展的正常歷程。父母可能因為經歷過一些困難和挫折，於是不希望這樣的事情發生在孩子身上，從而過度幫助孩子，導致孩子喪失了應對自己內在困境的機會。

總是關注孩子，孩子也會感到焦慮，並會承受父母的這些情緒，沒有空間發展出強有力的自我。這樣的家庭出來的孩子很容易對他人產生依賴。這種依賴，建立在自己感覺脆弱的基礎上。在關係裡，他們很有可能會本能地依賴他人，會放大心裡的無助感，不自覺地討好強大的人。如果你覺得孤獨，不妨試著向外看一看。

12 練習

如何應對分離

現在，十五至三十分鐘不被打擾的時間，準備好了嗎？

- 找一個安靜的地方，保持舒服的姿勢，無論坐著還是躺著，動一動身體的各個關節、各處肌肉，找到最放鬆的狀態。我們會從吸氣開始，有意識地把吸氣和呼氣變得深一些，長一些，再深一些，直到你的極限。吸氣——呼氣——
- 繼續保持你的呼吸，你將能夠注意到吸入和呼出的氣體經過自己鼻腔和咽腔的感覺，以及胸腹部的擴張和收縮。
- 將呼吸變得緩慢而輕柔，漸漸地，你的身體也會跟著放鬆下來。接下來，請慢慢地將你的意識從紛繁的外在轉移到你的內在。此時，如果有一些念頭過來打擾你，你可以請它們暫時待在一旁，你可以安心地與自己待在一起。
- 請你繼續保持緩慢而輕柔地呼吸，並同時保持與自己的連結，慢慢地將注意力聚焦在今天的書寫內容上。

你有感到孤獨和空虛的時刻嗎？在一段關係裡，如果有人離開，你會選擇用什麼樣的方式應對分離？你是怎樣度過那些艱難時刻的？

找一個信得過的人，與他分享你內心的這些時刻。

在這個過程中，如果你感覺到明顯不適，請隨時停下來，確認一下，是否還可以繼續。你可以做一點其他事情轉移一下注意力或者進入自己的安全基地，在那裡補充能量後，覺得自己可以了，再繼續。

PART 03

力量篇

改變與療癒，發展穩定自我的七個核心力

建構穩定、平衡的自我力量

一、決定
二、方法
三、界線
四、愛與支持
五、陪伴
六、哀悼
七、扎根

13

決定的力量：爲了自己，選擇改變

如果你還不想改變、還沒有準備好，也是可以的，
這是你的自由，請尊重這個想法。
任何時候，只有當你想要改變時，再進行改變，
這有可能是最高效的方式。

在前面的章節裡，我們從不同維度討論了討好的情感反應模式、邏輯以及原生家庭對討好型模式形成的影響。從現在起，我們進入改變與療癒的階段。

每一個人內在的人格模式，都有存在的價值和意義，沒有好壞之分。如果你覺得自己的性格中有一些討好的特點，並且正在猶豫要不要改變，那麼可以試試我的建議。我認為

有一點必須明確：人們不一定非要改變，除非自己願意。

如果一個人沒有危及別人，自己也沒有覺得非常痛苦，並不想改變，那麼其他人就無權要求他改變。任何時候，自己才是自己的主人。

改變的第一步：爲誰改變

這是關於療癒的第一點：你不必為了別人而改變自己。此刻，你不需要討好任何權威和任何人，你只需要對自己改變與療癒，誠實問問自己的內心，是否想要做一些改變？請確認，你是否在為自己做這件事。

試著去聽聽自己內在的聲音，如果你並不想改變，或者還在猶豫，就尊重這個感覺，不必推著自己往前奔跑。等準備好，再去做深刻的改變。

如果你願意有意識地改變，這將幫助你瞭解自己內在的節奏。

一位女孩來找我做心理諮商，她說：「我的朋友們說，我沒有自我，需要做一下心理諮商，我就來了。」

在諮商中我瞭解到，她是一個習慣順從的人，在關係裡從來不表達自己的意見，就好像沒有意見一樣，她不覺得這樣痛苦。她來諮商，是因為朋友們和她交往久了，認為她有問題需要諮商。

她覺得自己若不來做諮商，朋友會離開她，若沒有朋友，她很孤單。但是我們的諮商進行得並不順利，從各個方面都沒有辦法切入，她非常努力地配合，但我們的進展就是很慢。

於是，我不得不問她一些問題：「你到底想改變嗎？你究竟為誰而改變？」直接面對這些問題，我們的諮商治療才有了轉機。

她的內心一直有個聲音，不想改變。但是她不想聽見這個聲音，因為不改變，就會沒有朋友，所以必須改變，並且必須朝著朋友說的那個方向去改變。她自己也認同朋友們說的方向，但就是邁不動步子。

我們談到情感，話題就中斷了，這當然也是一種特別挫敗的感覺，她自己也非常懊惱。當我們一起探索，看到其中的衝突時，我向她回饋：「你看，你也是有力量的，你有對抗的力量，雖然不能用語言表達，但你的行為正在這樣做。」

到了這一環節，她鬆了一口氣。她說：「是的，我不想改變。我是因為感到他們給我的壓力，而被迫去改變。」她一直以為自己沒有自我，其實只是不敢有。

因為一直以來的脆弱和依附成了她關係中的常態，她不知道自己在哪裡。因為對被迫改變心存憤怒，所以雖然來到諮商室，但她的潛意識卻在對抗諮商。（在意識層面，她很配合，但在行為、情感層面，她很抗拒，她在對抗中保留自己僅剩的自我）。

實際上，每個人都需要為自己做決定。就像這個女孩，她真的是為別人而來的嗎？表面上看來，是的。朋友讓她來，當然就要滿足朋友們的需要，不然，她們不理自己了，該怎麼辦呢？

她的行為的落腳點，是擔心沒有朋友。她很恐懼朋友的遺棄，很害怕孤單一人，這種感覺很痛苦，這才是促使她來諮商的深層原因。

當老闆對你說「這筆生意做不好，就不要來上班了」時，你覺得你是為了老闆才努力把這筆生意做好的嗎？老闆和你存在共同利益，你們都需要你做好這筆生意。就像這個女孩和她的朋友們，他們覺得改變相處方式對他們的友誼有幫助。即使如此，你仍然可以不做改變，只要能承擔後果就好。

如果你扛得住焦慮、恐懼、孤獨以及其他情緒的折磨，那麼你大概也沒有動力去改變。所有的改變，都源自內心深處的需要。

改變的第二步：準備好了嗎？

很多時候，我們不願意面對自己的脆弱，會說自己是迫於別人的壓力才做出改變的。但一個成年人在任何時候都不要忘記，你有選擇的自由。

所以，請你想一想，是不是很多時候別人讓你幹什麼你就幹什麼？真正看到自己內在的需求，為自己的需求而努力，你會變得更加有力量。

這其實是需要準備的，就像我們做諮商時，會幫助個案確認自己是否真的做好了準備，是否可以開始諮商。

這很重要。當你做好決定，你的對抗性和破壞性會減少，改變的阻力也會變小。相反，如果你沒有準備好就貿然開始，你會感到困難重重。

所以，**你需要讓你的心準備充足一些再開始。但你永遠沒有辦法等到完全準備好了才開始，改變過程中必然會遇到各種困難和突發狀況。**

「準備好」永遠是一個相對的概念。

幾年前，一位剛剛畢業的女孩找我做諮商，她非常讓父母省心，大學畢業前的所有人生選擇都是父母安排好的。她已經在某個領域取得了驕人的成績，但是，父母永遠對她說：「你還要更好，要拿全縣市第一、全國第一，全亞洲第一，甚至世界第一。」

終於有一天，她再也不想為了父母的願望而委屈自己了。她需要一份工作，讓自己活下來。那時，她已經厭倦了之前取得傲人成績的專業，並且覺得，之前做的一切都是為了父母。我對她說：「從現在開始，你走的每一步，都是為了你自己，而不是你的父母。」

這個角度的回饋使她非常振奮，以前一直厭倦的專業突然成了自己的左膀右臂。她不再憎恨自己從事的專業，反倒讓它帶著自己翱翔。

當天晚上，她就獲得一個工作機會，後面的經歷更加勵志。她從小城鎮，一路走到大城市，收入水漲船高。前段時間，我收到她的郵件，她現在已經在一座大城市定居，父母看到她的變化很為她驕傲，再也不要求她事事爭第一了，還幫助她在大城市買了房子。

從討好父母以便在家中立足，到利用學到的技能去大城市施展才能；從被父母不斷提高目標到最後讓父母為她驕傲。女孩這一路的精彩經歷媲美一部傳奇電影。

也許你們會問：當時這個女孩完全準備好了嗎？當然沒有，她只是感到痛苦、壓抑和委屈，她就是不想繼續這樣的生活，她甚至不知道心理諮商是什麼，但是她願意嘗試新事物，願意冒險，她覺得至少要試一試，試一試才知道行不行，就像小馬過河一樣。

改變的第三步：需要時間

我們的諮商也遇到了許多困難，有時候，她對我生氣就會不說話，我們就卡在這個地方，但是我們依然一次又一次會去面對問題。這樣的反覆以及反覆後獲得的力量感，給她帶來了持續的信心。

所以，「什麼時候可以開始改變？」一句話：準備得差不多的時候就可以了，一邊試著成長、一邊感受變化。當你想要覺醒、想要過更有尊嚴的生活，就聽聽自己內在的聲音：「我想改變嗎？」若你想改變，就抓住自己身邊的資源，讓它們成就你。

如果你還不想改變、還沒有準備好，也是可以的，這是你的自由，請尊重這個想法。任何時候，只有當你想要改變時，再進行改變，這有可能是最高效的方式。

爲自己改變，還需要做的心理準備是要有面對改變的信心與誠實。我們都知道，改變是很難的一件事，尤其是改變人格行為模式，這是個漫長的過程。

如果對改變報有比較大的幻想，譬如認為它會很快實現或者像靈丹妙藥一樣有奇效，那麼你一定會失望。因為所有質變都是由量變累積而來的。

這一路會有很多痛苦和反覆，有很多情緒讓你難以忍受。準備好面對它們的信心，用一個長遠的、發展的視角來看待變化的過程，這將幫助你擴充自己的空間。當你知道這一路會發生什麼，對過程有一定的瞭解時，因不確定而產生的焦慮感和恐懼感就會減少。

誠實地面對自我，意味著正視內心的頹廢、消極、無力和恐懼。這些本不可避免，但人們總會排斥它們。若你想要改變自己討好的行為模式，你就要看到原來自己也有空虛、脆弱的一面，還有那麼多自己從來沒有瞭解過的其他面向。改變自己非常不容易，但當你準備好的時候，實現目標並非不可能。

逃避，永遠是前進路上最大的絆腳石，影響極大地拖慢前行的速度。但因為逃避會帶給人短暫的安全感，所以人們仍然會習慣甚至本能地選擇逃避。有時候逃避是必需的，當你感到巨大的恐懼、疼痛、驚嚇時，逃避可以保護自己；但反覆逃避，就是在傷害自己。

直接面對脆弱、勇敢改變，一方面會極其痛苦，另一方面也會讓你感受到力量。你將認識更多維的自己，在這個過程中，自己的人生體驗也將更加豐富。但我們也要明白，即便知曉了這些，在改變的歷程中，仍然有許多不可控的因素；瞭解這些，可以幫助我們充滿力量地應對困難。

不要責備自己在這個過程中想要逃離。逃避痛苦是人類的本能，它不應該受到譴責。

請試著去理解此刻的痛苦，並告訴自己：「沒有關係，緩一緩，慢慢來，成長是螺旋上升的過程。有些體驗雖然和以往相似，卻也有所不同。就這樣，不評判自己，往前走就好。」

記住，你是一個獨立的人，對自我要有清晰的認知。只有這樣，你才能慢慢立足於當下，未來才有力量不依附他人。

13 練習

在心中種下一顆種子

不受打擾的時間和空間準備好了嗎？每次，我們都需要十五至三十分鐘的時間，作為對自己的寵愛。

- 請你找一個安靜的地方，和前面一樣，讓自己身體的每一個部位盡可能放鬆，讓呼吸帶領你。不管外面發生了什麼，你在自己的中心，與你的呼吸在一起。
- 把外在的一切都放下，專注地與自己待在一起，讓我們邀請一束光來陪伴自己。你可以按自己的喜好決定這束光的溫度、亮度、色彩。

這是可以給你帶來決定力量的光。你可以在裡面感受它的支持與陪伴。可以保持得久一點，再久一點，直到你覺得足夠。你可以在這束光的護佑之下，做任何你想要做的事情。

這是關於勇氣與希望的光束。

請你在心中種下一顆種子，這顆種子將給你決定的力量。試著去做，不去評判，你可以看看這顆種子的樣子、大小。

土壤已經準備好，只等著種子入土，生根發芽。

你會經常來照看它，它也會陪伴你。

當你做完這些之後，慢慢地呼吸，覺察此刻的自己有什麼感受。你剛剛經歷了什麼？慢慢地睜開眼，寫下這個歷程。

14

方法的力量：四步驟培養「均勻懸浮注意」

它是一個臨時存在的狀態，是一個不帶任何評價的狀態。

我們需要觀察自我來幫助自己，給自己提供回饋，提升覺知力。

當你內心做好準備，想要改變自己的討好行為模式時，你就會找到辦法。首先，覺知自己的討好行為模式是相當重要的。

討好者經常在關係裡消耗自我，很多時候連他們自己也不明白到底發生了什麼事，自己怎麼了。如果你不清楚自己在關係裡是如何的存在，就談不上要做什麼調整和改變。

一些個案和網友回饋，在進行更多的覺知練習後，自己的思維變得清晰了，人彷彿也更加聰明了，頭腦也由那種混沌模糊的感覺變得漸漸清晰了起來。

我認同這種回饋，因為我自己就是在這樣的練習裡逐漸成長的。一次，一位女孩說，做了半年諮商後，她開車時能精準地感覺到距離十公分和距離一公分的差異，這種感覺妙不可言。她不知道自己做了什麼，但對距離的感知就是明顯提升了。

同樣，有人對我說她現在和丈夫吵架，邏輯能力明顯提高。以前是老公說什麼就是什麼，自己完全沒有反擊的能力，也想不明白，但是現在，做了成長諮商後，她明顯感覺到邏輯能力大大提升，這也令老公對她刮目相看，更加尊重她。

她說，以往那種別人說什麼就是什麼的無主、無力的感覺，現在減少了很多。那種討好的行為模式隨著自信心的增強，悄然發生了改變。

均勻懸浮注意力的使用

但仍然有很多討好者不清楚自己內在的情感狀態和思考狀態，讓潛意識的討好行為在關係裡反覆出現。**當我們缺乏覺知時，重複就只是簡單的重複；只有當我們願意睜開眼睛看見自己在關係中的樣子時，我們才有可能抓住療癒的機會。**

我相信，覺醒者都是勇敢的覺知者。覺知是指你要對自己有所瞭解，保持覺察的狀

態。它是一個臨時存在的狀態，是一個不帶任何評價的狀態。我們需要觀察自我來幫助自己，給自己提供回饋，提升覺知力。

精神分析之父佛洛伊德提出一個非常有價值的精神分析實踐技術——均勻懸浮注意（evenly /suspended/hovering attention）。這是一種沒有記憶和欲望的注意力，即分析師保持將注意力懸浮在半空，讓分析的客體（通常指被分析者或是個案）引導懸浮的注意力，允許知覺、感覺、想法自由飄移，以此獲得更多的心理空間，並增加對被分析者潛意識層面的理解。

當我們被情感衝擊時，使用這種技巧可以幫助我們關注到不只是情感本身，還有其他任何背景的存在。這個過程，就是退一步，像治療師那樣將注意力懸浮在半空，這樣可以拉開一點情感的距離，只在當下觀察客體（這裡指情感以及全部背景），僅僅是觀察，不代入其他任何角色，不多使力氣，不干涉，只是協助瞭解、記錄。

我想邀請願意改變的你，一起培養這種均勻懸浮注意力。這會幫助你改善討好型人格帶來的沮喪感。

我們要做的事情就是，觀察，反思，體會，理解。觀察是發生在最前面的，有了這個觀察，就會給自己的內在騰出一個反思空間，能夠有更加深刻的體會，最後會有擴展性的理解。

具體來說就是，當一件事情發生時，我們動用自己的感官、大腦、邏輯能力、感受能力，回看我們剛剛經歷的事情，體會其中的情感、衝突，並對這些資訊進行思考、加工，由此形成新的理解。這是站在當下回看過往、理解過往，又再次來到當下的歷程。

要特別說明一點，在做接下來的幾個步驟時，最重要的是誠實與不加評判。誠實，意味著真實，不加任何粉飾。要求我們正視內心，勇於挑戰我們的羞恥感。

評判會削弱我們的力量，所以我們要把評判當作鄰居，暫且給它一個靠邊的位置。你需要記住的是，在這個過程中，你不需要向任何人交代，不需要向任何人展示，也不需要任何反饋來讓自己緊張。你只需如實地看著它們，和它們在一起。

第一步驟：觀察

當你做好這樣的心理準備時，就可以進行下面的步驟了。

第一步驟是「觀察」，觀察發生了什麼。這裡包括看得見的事實、過程中產生的想法、伴隨而來的情緒和感受。

譬如，剛剛在辦公室，主管和你說了幾句話，你心裡很慌，他提的要求你沒有想清楚就答應了。你感到害怕，有點後悔，因為他提的要求，你做不到。

此時，看得見的事實是什麼？事實是，你答應了主管的一個要求。你產生的想法是「我不想給主管留下不好的印象」。伴隨而來的情緒和感受是心慌、害怕、後悔。

均勻懸浮注意就像一面鏡子，如實映照，不帶任何評判與偏見，發生了就是發生了，出現了就是出現了。現在，你可以把事實、想法、感受分別提取出來，分類擺放。

有的人可能會問：「我不知道什麼是事實、什麼是想法、什麼是感受，怎麼辨？」沒有關係，慢慢練習，你就能體會。

事實：陳述事實

事實是一個事件，請你儘量以客觀的角度去看。陳述事實時，你所使用的詞語是描述性的。只描述發生的事件，類似於新聞的事件概要。請盡可能精確地描述。

想法：對事情的看法與聯想

想法是指我們對一些事情的看法及聯想。譬如「放假了，我好期待回到老家，吃一碗熱乾麵，去見見朋友」。

感受：情緒或是身體的感受

感受是指情緒體驗的部分。描述感受的詞語有很多，我們常說的喜、怒、哀、樂、悲、恐、驚都是基本的情緒，除此以外，還有沮喪、失望、無力、模糊、迷茫等；還包括身體的感覺，譬如疼、麻、眩暈等。這些詞語可以細化我們的情緒和身體感受。

大家可以一點一點地練習，不要急著在一開始就要把它們分辨得很清楚，只要慢慢練習，你的分辨能力就會提高。

第二步驟：反思

第二步驟是「反思」。在這個部分，你需要不斷地問「為什麼」，並以此進行愈發深入的思考。根據剛剛的事實、想法、感受，問問自己「為什麼」。

回到剛剛去見主管的例子。你可以這樣問自己：「為什麼我要答應主管的要求？」、「因為我沒有空間去思考，很慌亂。」再繼續問：「為什麼我會這樣慌亂？」、「因為我很害怕。」繼續問：「為什麼我這麼害怕？」、「因為我擔心自己給他留下不好的印象。」繼續問：「為什麼留下的印象不好會讓我這麼害怕？」、「因為對我印象不好是對我的一個評價。我害怕被評價。」

你還可以繼續問下去，至少問自己五個「為什麼」。不斷向內提問可以幫你一層層直達問題的本質。如果你願意誠實對待自己而非逃避，那麼答案就會在一個個的「為什麼」之後顯現。譬如，再問下去，你就會發現：「我為什麼這麼害怕被評價？因為媽媽這樣說過我，她覺得我拒絕她，就是傷害她，然後她就會不理我。」

你看，只要我們深入地探索，就會找到很多原因，它們一環套一環，你將有機會看到自己思維的連鎖反應。在這個例子中，問到更深的層面，你就會看到：「我答應主管是因為我害怕我的主管像我媽媽一樣，會因為我的拒絕而不理我，並且讓我失去工作。」

第三步驟：體會

當你找到深層的原因後，接下來要做的事情是「體會」。

第三步驟是「體會」，這是一個內化的過程。

任何事情，只有經過自己的心，才能變成自己的東西。

你捕捉到了自己的感受和想法，也看到了事實的發生，也問了無數個為什麼，現在，把這些放在心裡，讓它們沉澱一下。你可以像往常一樣工作、學習和生活，可以看任何你喜歡的書或電影，做一切能滋養你的事情。並不需要太多的努力，只要帶著這些資訊，你的潛意識就會開始工作並給你回應。

我曾經在《擁抱你的內在的小孩：以愛療癒內在的恐懼》裡看到這樣一段話：「雖然我們會用各種補償或者上癮行為來掩飾恐懼，但只要它仍然是一股潛藏的力量，就能造成長久的焦慮，毀損我們的創造力，讓人變得嚴厲、疑心重重，最糟糕的是，恐懼毀掉了我們對愛的追求。」

第一次讀到這句話時，我心裡一震，「恐懼毀掉了我們對愛的追求」這是一個我從未想到的視角，我也從未到達這個層面的理解。這句話讓我感覺對恐懼那種複雜的、細膩的感受，終於能夠被言說。

那一刻，我有一種被承接住的感覺。這種感覺來自我自己，經過了我的心，它也因此變得更加豐富。細細體會我們的各種感受，帶著對自己的善意，去探索、去尋找。

第四步驟：理解

第四步驟是「理解」。理解也是一個過程。如果說前面的觀察、反思和體會都聚焦在作為主體的「我」，那麼到了理解這個階段，我們不僅在聚焦自己，也開始聚焦他人、事物。在這個部分，我們開始建立「我和他（它）」的連結。

用自己的感受去理解一個人，用自己的思考去瞭解一件事，用自己的邏輯去明晰一個道理。再以上述案例為例，當你感受到和主管相處的壓力、焦慮時，你將能夠理解和你有類似經歷的人，理解他們的感受。而當你能夠感受自己的恐懼時，你就有機會瞭解你自己內在的那個受驚嚇的小孩有多麼無助。

在思考這個問題的過程中，你會發現，每個人在應對危機時都有自己的邏輯。當你看到別人用盡了全力時，你也有機會看到自己的努力。這會幫助我們接受自己的局限。

在前面的章節裡，我花了大量篇幅去描述感受、思維邏輯，想帶給大家的正是「理解」。我十多年的臨床經驗讓我深深地相信，理解能夠幫助我們應對痛苦。

大家可以試著做以上四個步驟，一遍一遍做，慢慢形成習慣。

我們一遍又一遍整理過去發生的事情，這相當於完成一次又一次的自我觀察，自己對這個世界的理解也逐漸加深了。均勻懸浮注意就是在這樣的觀察中逐步創建出來的。有了這樣的能力，你相當於得到了一個很有力的幫手。這對你來說大有益處。

如果你有一位諮商師，他也會成為你觀察自我實踐中的一個部分，給你回饋。你現在就可以嘗試一下，一點一點，慢慢來。

14 練習

均勻懸浮注意的實際操作

找一個安靜的地方，讓自己的整個身體都放鬆下來，深呼吸可以幫助你做到這一點。覺察自己的念頭，允許它們的存在，不帶任何評判。

帶著力量和智慧，我們繼續邀請那束光來到你身邊。這束光，可以用你想要的方式變換溫度、亮度、色彩，直到你感覺舒服自在。

在這束光的陪伴之下，慢慢地回憶本章內容。

關於方法的力量，你在生活中有哪些與之相關的體會和思考？你曾經從中得到過禮物嗎？寫下剛剛在你心裡出現的內容。

15

界限的力量（上）：確立人我邊界

許多人在一次又一次的碰壁後才意識到，自己是無法控制別人的想法和看法的。只有意識到這些，我們才有機會真正從沒有邊界的感覺裡掙脫。這也意味著，你真正開始直接面對自己，開始直接為自己負責，建立自己的邊界。

上一章我們談到了培養「均勻懸浮注意」的方法。我們可以透過不斷練習，提高敏銳性。漸漸地，你就能對自己有更多的理解。但是人們還是會被困住，這是因為，只從「自己」這個維度觀察會有盲點。

我們仍然要回到和他人的關係裡，去檢驗「是不是這樣的」。這就是本章的內容：確立人我邊界。

評判自己的權力 不能拱手讓人

幻想中的人和現實中的人是一樣的嗎？幻想中的世界和現實中的世界有什麼差別？你看到的世界是什麼樣子的，你的認知就會配合你，加深你的自我理解，但你看到的未必是世界原本的樣子。

譬如，如果我拒絕主管，他就一定會對我有不好的印象嗎？答案是不一定。這要看對方到底是一個什麼樣的人，而且不同的人對不同的事，看法也不一樣。此時，問問自己：你願意賭上全部的力量來交換一個由他人決定的、不可控的後果嗎？

你有沒有過這樣的經歷，明明自己在做一件成功機率只有一半的事情，但因為之前忽略了失敗的風險，所以認為自己這樣做，對方就會百分之百地按照自己想要的來回應。

當我們把評判自己的權力完全放到主管手裡時，結果就會是「我必須做得很好，他才會對我有好印象；如果我做得不好，他可能會懲罰我。」當我們把評判自己的權力放到自己手裡時，結果會是「我會盡力做好，並對人心存善意。如果主管對我有好印象，當然很好；如果主管因這件事對我產生不好的印象，那也不代表我這個人不好；如果是我的原因讓他對我有不好的評價，我願意改進。」

你看，這是兩種不同的邏輯方向。有些人很享受卡在某個地方的感覺，因為那樣可以保住幻想，認為只要自己做得好，別人就會按照自己想要的方式來對待自己。這是一種非常無奈、無力的控制，因爲內心的虛弱和失控，他們用「做得好」去控制他人對自己的印象，甚至不惜打開自己的邊界，讓別人隨時可以對自己提出要求。這無異於把評判自己的權力拱手相讓。

建立人我邊界的內心規則

許多人在一次又一次的碰壁後才意識到，自己是無法控制別人的想法和看法的。只有意識到這些，我們才有機會真正從沒有邊界的感覺裡掙脫。這也意味著，你真正開始直接面對自己，開始直接為自己負責，建立自己的邊界。

我朋友對我講述，他以前有一位女性朋友對他總是提出要求，譬如讓他幫忙買個東西。他本來覺得這些都是舉手之勞，所以總是答應對方，直到有一天，他向這位女生求助，卻遭到了對方的拒絕。他很生氣，朋友之間難道不應該相互幫助嗎？

氣憤之後，他明白了，對方只把他當作一個「工具人」，而不是朋友，所以會理直氣壯地請他幫忙，但自己卻從不回饋。

這個朋友看清眞相後，立馬決定遠離這個女生。其實，說「不」是對自己最基本的保護，也是對抗自己無力感的重要策略。

這個世界，有些人並不尊重規則。譬如你希望一個人有基本的禮貌，他卻覺得無所謂。儘管如此，我們仍要有自己內心的規則。

最基本的邊界意識是「我有我的部分，你有你的部分。我們相互尊重，有時候會有相交的情況，但不等於我的就是你的」。這就是人我邊界。

有些人會投射「你就是要依賴我」的權力感，此時，如果你認同他，你的力量就會被削弱。**在這種情況下，說「不」可以很好地維護你作爲一個主體的存在感。在任何時候請記住：你長大了，你不必依靠別人。**

這樣的語言將給你提供力量。當你從現實中看到真相，你就會發現，別人讓你依靠他，這只是別人的需求，你不需要處處滿足他人的需求。

我也聽到很多人說，不滿足別人的要求，自己會很內疚。通常來說，拒絕別人時，我們除了要過恐懼的關，還得過內疚的關。應對內疚要看清誰要為此承擔責任。最令人糾纏、痛苦的關係模式就是你要為所有人負責，所有人也要為你負責。

孩子不是父母的工具

在這裡，我想提幾個問題。誰要為此承擔責任？家庭關係的「漿糊邏輯」（我的事是你的事，你的事也是我的事，我的事是所有人的事，所有人的事也是我的事）、共生幻想（自己與客體的界線模糊）是怎樣影響一個人的？以及武志紅老師經常談到的「為何家會傷人」？這其實也是一個邊界問題，因為所有人的邊界都不清晰。

孩子起初不清楚邊界，這是很正常的。從出生到長大，人要經歷從共生到分離的過程。當孩子的心理發育達到分離的狀態時，他們需要父母的滋養，但很多父母沒有能力滋養孩子的心靈發展。

他們和孩子的邊界混沌不明，對他們來說，孩子並不是作為一個美好的個體存在和被愛的，而僅僅是一個「工具」。許多父母養育孩子，對孩子的期望是「你可以回報我多少？我供你吃，供你住，供你上學，你要償還我」。

最常見的償還要求是：「我養了你，家裡其他孩子、一切事務，你都得管。」

在這種家庭長大的孩子，往往一生都在負擔父母的情緒，只要父母不高興，孩子就得馬上付出，滿足父母的需求。所以，這些孩子總有一個任務——還債。如果不「還債」，他們就會內疚，認為虧欠了父母。這類人極易形成討好型人格，因為在他們看來，負擔起所有責任，就可以減輕內疚。

「還債」會透支未來，很多人還著還著，就還不動了。討好者在不斷爲別人負責時，也希望有人來爲自己負責。我們或許能猜到結果：他們的關係會變糟，他們很難快樂，他們既會攻擊自己也攻擊別人。

我很想對這些孩子說：「你必須停下來，開始為自己負責，這是你最需要做的。」

當一個孩子拖著沉重的「人生債務」往前挪動，他有多少空間能感覺自己是幸福的、是有意思的、是有價值的？可以說，極少。我與很多討好者進行過心靈交談，其中很多人都有過消極的念頭；他們的內心仿佛早就一片荒蕪，對長出新芽毫無期待。

爲自己出征　用成人的方式承擔

當他人對你投射出「你是工具」的想法時，你難道就變成工具了嗎？他人眼中的你不是你真正的樣子。你不認為自己是工具，你就不會是工具。你就是你自己，是一個人。

所以，當你的父母把本該由他們承擔的責任壓在你身上的時候，你可以說「不」。他們需要自己承擔其應盡的責任，而不是你。同樣，當你做決定的時候要清楚，是你在為你自己做決定，你要為此承擔責任。

有一位朋友的媽媽動不動就以死相逼，過去，這位朋友一直順從。終於有一天，她受不了了，向媽媽明確表態，生死是個人的選擇，子女希望父母好好活著，但是也無權干涉父母的選擇。

她的媽媽一聽，愣住了。這麼多年，孩子都聽她的話，今天竟然不聽了。此後，朋友的媽媽再也沒有說過要去死的話。

朋友在和媽媽做這番較量前，找我做了心理建設。我告訴她：「分清界限。你媽媽是成年人，有選擇的權利，有能力為自己的選擇負責。你無法對她的選擇負責，你只能對自己的選擇負責。」朋友這種分清界限的處理方式不急不緩，不溫不火，但力道相當足。**清楚自己的選擇，並選擇以成年人的方式去承擔。每個人都要爲自己的選擇承擔責任，這是人際交往時最基本、最必要的界限。**

家庭裡那種為所有人負責的病態共生，會摧毀一個人活下去的信心和熱情。你是打算放棄努力、把自己的能量耗乾榨盡，還是勇敢地為自己出征，全在你一念之間。

希望你從現在開始，真正為自己而活。希望你有力量，在這個世界，不驚、不懼、不悔、不怨地生活。

15 練習

想像拒絕他人的後果

這是寵愛自己的時刻，請準備好安靜的空間以及十五至三十分鐘的時間。

相信現在你越來越能讓自己平靜下來了。祝賀你，也請你為自己高興。如果對你來說靜心還有些困難，沒關係，慢慢來，按照讓自己舒服的節奏來，你會看到堅持的力量。

好的，仍然找一個安靜的地方，讓自己身體的每一個部位都盡可能地放鬆，深呼吸，並且允許自己的每一個念頭存在。只是去覺察，不做任何評判。

我們繼續邀請那束光來到你身邊。這束光可以以你想要的方式變換溫度、亮度、色彩，直到讓你感覺舒服自在。它可以持續地滋養你。

在這束光的陪伴下，請你思考：你有拒絕他人的經驗嗎？那是一種什麼樣的感受？你從中獲得了什麼？如果沒有，想像一下：如果拒絕他人，會發生什麼？

在思考和想像的過程中，你可能會感受到一些身體上的不適，甚至有新的念頭浮現，都沒有關係，只是去覺知它們，並允許它們存在，接納它們的存在。

寫下你內心的感受。

從生活中很小的事情開始，當你不願意做對方要你做的事情時，嘗試向對方說「不」，並覺察其中的感覺。如果你覺得說「不」存在一定的風險，可以先停止，直到你覺得自己可以駕馭恐懼的時候再嘗試，不要輕易放棄。

16

界限的力量（下）：建立時間與空間邊界

被別人拯救的幻想，會讓你把自己放在一個弱小的位置上，削弱你的防禦能力。
不要懼怕當自己領地的「國王」，你的力量一直都在。

討好者缺乏主體性，所以，他們很難建立自己的邊界感，但非常有意義的是在建立邊界的過程中，他們的主體性會慢慢建立。《過猶不及》一書裡這樣寫道：「界線可以標示我到哪裡為止，別人從哪裡開始，讓我有『權威感』。」

知道「我是誰」、「我可以做什麼」、「我擁有什麼」、「我的責任是什麼」，我們將會更加自由。很多討好者內心是不自由的。他們不清楚自己的邊界，不知道自己的活動範圍在哪裡，因此產生很多不確定性的恐懼。

親子間的界線

大家都知道，孩子們喜歡探知大人的邊界，這也是安全感的邊界。討好型父母在對待邊界這個問題時容易出現模糊和搖擺。譬如，孩子對父母說：「我還想聽你講故事，我現在一點也不睏。」討好型父母一般不會拒絕，但是，在講故事的過程中，他們很可能會不耐煩。

如果你真的願意，也很享受給孩子講故事，那麼這將是一段美妙的親子時光。但是，如果你講故事是因為你無法拒絕孩子，這就成了一件令你勉強又痛苦的事。

重要的是，孩子還以為你想講故事（他認為的你的邊界），會繼續要求你講給他聽，如果你發火煩躁，孩子則無法理解：「是我出了什麼問題嗎？爸爸媽媽為什麼要發火呢？」也就是說，你給孩子傳遞了矛盾的資訊。

孩子需要的是什麼？他需要你直接堅定地告訴他你的邊界。你不想講，就對孩子說，你累了不想講了。孩子聽你這樣說，一開始可能會鬧一下，這很正常。注意，這個時候特別考驗父母。因為孩子一鬧，很多父母就會「崩潰」。

崩潰的原因很多，其中一個是父母覺得自己傷害了孩子幼小的心靈，他們會因此而否認自己、攻擊自己，覺得自己不是好父母。這時父母可能再次突破自己的邊界，孩子就更加困惑了：「爸爸媽媽的邊界到底在哪裡？我要鬧到什麼時候就不能再鬧了？」孩子會在心裡不斷地探知父母的底線。

好，現在就停下來。父母們需要時間來回看自己的邊界在哪裡，包括自己想做什麼、能做什麼。譬如，你想給孩子講故事，這是一個美好的願望，你也去試了，可是你講的時候總是走神或者容易發脾氣，這就說明你要繼續回看自己的邊界。因為這表示你想做卻做不到。

當然，很多人的「不能」是有很大擴展空間的，有些人透過成長能漸漸做以前做不到的事情。但是不管怎樣，人總有自己想做卻做不到的事。感覺不舒服的時候要問問自己：「哪裡出了問題？」**發脾氣是一種對結果的回饋，它在告訴你，這裡存在讓你不舒服的東西。人只有在自己舒服的地方才會放鬆，才願意友好地對待他人。**

除此之外，我們還要關注時間邊界，但很多人不清楚自己的時間邊界。就像上述例子中的父母，他們很想給孩子講故事，但通常一過晚上十點就講不了了。那麼，「晚上十點」就是一個時間邊界，父母們要細細感受這個臨界點。

從什麼時候開始不能繼續給孩子講故事了？把這個時間稍微提前一點，找到你能做到的極限。找到這個時間點，就相當於畫了一條明確的邊界線，在這個時間前，可以講；過了這個時間，不可以講。

作為父母，你需要面對的困難是，孩子一定會用各種方式探知你的邊界。你需要為自己的邊界做一些事情，譬如，幫助孩子應對你沒有答應他而帶來的挫折感。堅持自己的邊界和幫助你的孩子確認你們之間的界限、樹立他的邊界，二者同樣重要。

你需要耐心，需要時不時地回觀自己：「我在什麼位置？是否又開始想要討好孩子了？」不要懼怕孩子的哭鬧，這是孩子受挫之後的正常反應，你安靜地陪伴他，他在感受到挫折時也能夠感受到你的愛。這樣，他也將有力量應對挫折。

孩子們都願意看到有力量的父母，因爲這是他們建立安全感的基石。你溫柔而堅定的界限示範，是對自己，也是對孩子最好的幫助。

當自己領地的主人

其實，很多人對別人的領地是沒有界限意識的，這些人會認為別人的事也應該由他管控，也由他說了算。

試想，一個公司的部門主管是討好者。如果他處處為別人著想，到了不惜損害自己部門利益的地步，那麼他幾乎不會受人尊敬。因為他沒有能力管理好自己的領地，遇到危機，只會息事寧人。

媳婦不想邀請婆婆幫忙帶小孩，但是迫於經濟壓力不得不和婆婆一起生活。婆媳關係中，媳婦不停地忍耐、討好，卻仍不免發生婆媳大戰，這背後也是權力之戰。

誰是領地的主人？要如何使用自己的權力？

如果你是部門主管，那麼你要非常清楚自己的位置，擔負起自己的責任。責任的邊界是一個空間感概念，你可以做哪些事、有多大範圍的自由，這是在部門主管這個位置上的人要想清楚的。

如果你是婆媳中的一位，你同樣要找準自己的位置：「這是誰的家？我們應如何對待客人？怎樣對待幫助我的人？我可以給對方多大的空間？」

明確這些之後，你就比較容易在自己的領地內做事。在做決定之前，你就要考慮，你能不能接受這個決定引發的一系列後果。如果你不能接受，更換方案是更加明智的選擇。你需要知道到了哪個地方，你就不能再退讓了。

我有一個朋友，她和丈夫結婚的前提條件就一個：結婚之後不和公婆住在一起。她知道自己和公婆住在一起會發生衝突，她知道自己的邊界，所以，她選擇在一個安全的地方著陸。

現在，她的孩子已經大學畢業開始工作了，她會在節假日和丈夫一起上門探望公婆，也會邀請他們來家裡聚一聚，但不會讓他們住下，雙方都保持良好的空間邊界，因而這麼多年，他們的關係都很和諧。由此可見，知道自己能做什麼、不能做什麼，太重要了。

維持一個人的空間邊界，意味著你要有強烈的意識，知道自己是這裡的主人。你可以決定在你的領地裡做什麼、不做什麼。如果你放棄自己的管轄權力，過分依賴他人，相當於變相地讓他人對你進行殖民。與其等著在屈辱的時候怨恨、痛苦、恐懼，甚至報復，不如在這一切尚未發生時獨立自主，潛心經營。

被別人拯救的幻想，會讓你把自己放在一個弱小的位置上，削弱你的防禦能力。不要懼怕當自己領地的「國王」，你的力量一直都在。當你真的觸碰到它時，就會明白，為自己做主是一件多麼愉悅的事情。

在關係中拉開距離　維持各自的空間

除了要有強烈的意識，你還要在過於焦灼、糾纏的關係中與對方拉開距離，使各方擁有各自的空間範圍。我們現在已經越來越瞭解，討好的關係模式容易使人陷入糾纏、痛苦、沒有邊界的共生狀態。

在討好模式下，關係變成線性形態，非黑即白，簡單粗暴，關係中的人都有被入侵的感覺，而消耗感也在增加。

一位母親向我哭訴她和孩子的關係。她覺得自己掏心掏肺地為孩子著想，孩子卻不領情，還動不動給她臉色看。有好幾次她都和孩子為此爭吵，吵完之後，她又感覺很糟糕，很挫敗。

她看了很多心理學的相關書籍，知道自己不應該這樣，可當時就是做不到。這位媽媽非常傷心地說：「難道我錯了嗎？」不是她錯了，而是用力過猛了。為人父母者，都想把最好的給孩子，但這種給予要有個度：管得太緊了，孩子勒得慌；管得太鬆了，孩子沒有連結感。

說易行難。其中一個原因就是沒有空間邊界。這個例子中的媽媽和孩子，在爭吵的那一瞬間，不但沒有守護好自己的空間，還相互的鑲嵌進對方的空間裡。如此一來，雙方的空間都變小了，都感覺自己被對方入侵了。這樣，雙方自然都想保護自己的領地，於是開始防禦性地攻擊對方。

兩個人需要保持距離，才不會因空間不足而感到窒息。媽媽越是主動，孩子越想後退，退無可退時就會反抗。媽媽需要做的是，往回撤一點，有意識地提醒自己不能越界。

每當情緒失控、歇斯底里的時候，試著按下暫停鍵，不要往前，也不要後退。現在局面非常不穩定，暫時停在這裡，你的內在有很多情緒飄過，任由它飄過。時間會帶來重啟的空間與機會，等你緩過來時再回顧剛剛發生的事，你會發現不一樣的東西。

你也可以問自己：「為什麼總是希望孩子接受自己的好意呢？為什麼總是因為孩子不按照自己的想法做而焦慮呢？為什麼要把那麼多的時間用來照顧孩子呢？」這樣的問題可以促進你思考。當然，在思考的過程中，你可能會很難受。這是正常的，我們需要一些空間來容納這些難受。

如果我們期待做一點努力就收到立竿見影的效果，或者只是想一下，就理所當然地認為世界會讓我們的願望實現，那麼我們就容易遭遇更大的挫敗。我相信這並不是你真正要到達的地方，在你逐漸思考、體會並明白之前的做法會讓自己誤入歧途，那麼你會放棄急近功利的想法，慢慢迎來改變。

試著給自己更多的耐心。

16 練習

試著將時間的感知變慢，把空間騰挪出來

請準備好安靜的空間以及十五至三十分鐘的時間。找一個安靜的地方，讓自己身體的每一個部位都盡可能地放鬆，深呼吸，並且允許自己的每一個念頭存在。只是去覺察，不做任何評判。如果念頭太多，影響了你專注呼吸，那麼你可以像老朋友一樣，嘗試邀請它們坐在你的身旁，而你仍然可以繼續專注地呼吸。

我們再次邀請那束光來到你身邊。這束光可以以你想要的方式變換溫度、亮度、色彩，直到讓你感覺舒服自在。它可以持續性地滋養你。

在這束光的陪伴下，回憶一下本章關於時間邊界和空間邊界的內容，看一下自己在日常關係裡是否有這方面的困擾。你會經常把自己逼到懸崖邊上嗎？聚焦發生在你身上的事件，試著將對時間的感知變慢，把空間騰挪出來。

寫下你內心的感受。

從生活中很小的事情開始，保持覺知，為自己創造空間。感覺到沒有空間時，試著後退。你需要時間來緩一緩，讓自己慢慢消化，再去應對。

17

愛與支持的力量：停止受害者的自我催眠

這個世界飽滿的愛告訴你，你可以不那麼用力，不一定要事事完美，也不需要對自己和周圍的人那麼苛刻。你不需要討好別人。別人喜歡或不喜歡你，那是他們的事情。你不需要對所有人負責，讓所有人都高興。

提到愛與支持，我會聯想到大地、森林、海洋等等，愛與支持是一種深沉而寬廣的內在力量。

一個人真正發自內心地想改變時，除了要感覺到痛苦，還要能感覺到愛和希望，要能感覺到活下去是一件有意義的事情，這樣他才願意做出改變。

讓一個人感覺到愛和希望，就要創造愛的空間、愛的環境。

請停止受害者的自我催眠

討好者的內心雖然非常渴望愛，但並不相信有人會愛自己。不要指責他們，請讓我們對其報以深深的理解，這種不信任並不是討好者故意為之的，而是他們潛意識層面很深的恐懼在作怪。在他們看來，這個世界處處有危險，到哪裡都要保持警惕，靠近他們的一切，都會被他們當作可能傷害自己的外來物。這樣的人，一邊警覺著，一邊繼續待在受害者的位置，備感痛苦。

愛的第一步是停止受害者的自我催眠。認為自己是一個受害者，當然會有諸多「便利」，譬如讓別人內疚、讓別人對自己好。但這樣做也會失去真正好好對待自己的機會與時間。

譬如，一個人沒有準備好就強迫自己為了某個人、某段關系而改變，那麼他很可能會在潛意識中怨恨「讓自己為了他改變」的那個人，讓自己成為一個受害者。

他們心裡的聲音是：「你看，都是因為你，我才不得不改變。我在這個過程中遇到的一切障礙，都是因為你。」這樣的聲音會反覆響起，並且不斷強化。怨恨別人比面對自己容易得多，所以，很多人會緊緊守住受害者的位置。

他們沒有想過這種方式對自己的傷害有多大。繼續待在受害者的位置上，人會變得越來越不獨立，越來越沒有力量，越來越痛恨別人，也越來越痛恨自己。這種痛苦會讓他們改變嗎？我相信會的。很多人來尋求心理諮商師的幫助，就是因為他們再也無法忍受某種痛苦。

但這僅僅是個開始，後面的路需要更多愛的支撐。受害者的自我催眠不會帶來真正意義上的改變，它最主要的價值在於**吶**喊：「你們看，你們是怎麼傷害了我。」

但是，光**吶**喊，不實踐，事情仍然得不到解決。如果你真的想改變，首先要避免受害者的自我催眠。

請停止苛責自己

討好者最常見的受害者心理是「都是因為××，我才這麼慘」、「都是因為××，我才受了這麼多苦」。如果有這些想法，討好者的內心可能會受到衝擊。因為他們本能的反應通常是「我不可以有這種感覺，我不能怨恨別人」，突然看到自己對他人的怨恨是一件衝擊感很強的事情。

不苛責自己，允許這些感覺出現能幫助你發生更好的改變。你可能想要逃離，也可能想到一些可怕的事情。沒有關係，當你意識到這些時，可以對它說「你來了」，然後繼續回到自己的感受和體驗裡。

你可能慢慢會感覺到身體在發生一些反應，譬如疼痛感、胸悶、心裡堵得慌、噁心等。若這些感覺出現，請溫柔地與之共存。在這個過程中，如果你的情緒太過激烈，就嘗試把情緒聚焦在某個身體部位上，透過深呼吸，讓自己的情緒穩定下來。

在這之後，試著回到之前的探索過程。**當你不那麼急著逃離，不那麼急切地把這些情緒處理掉時，你會發現，這些困擾你的情緒自行消散了。在做這些事的時候，請你帶著慈愛的心對待自己的那些念頭。**

從某種程度上來說，你內心的怨是一個小孩沒有得到愛時的傷心和呼喚，不要指責它，讓我們一起擁抱、陪伴、用心去愛那個受傷的小孩。

受了傷的小孩得到愛的滋養後，他會感覺充實，充滿希望，感到活著的意義。

沒有人一開始就苛刻地對待自己，苛待自己是在成長過程中漸漸開始的。要知道，苛待自己是在傷害自己，不是在愛自己。

但是很多討好者從來都不吝嗇苛待自己，他們事事要求做到完美，事事要求自己搞定。大家都知道，過度要求完美，其實就是希望以此證明自己有價值，證明自己值得被愛，但是，難道無法做到完美，就等同於沒有價值、不會被愛嗎？

我不這麼認為。當我們還是小孩的時候，一些事情使我們相信，只要自己做得足夠好，就可以得到爸爸媽媽的愛。

可是，若是孩子認為父母是因為自己表現完美才愛自己的，那麼他還會相信真正的愛的存在嗎？

愛自己，就請停止對自己的苛責。

存在的本身就值得被愛

世界上本來就沒有完美的事。事事追求完美，愛也就不會存在。追求完美，只是為了維持一個美麗的謊言泡沫。這個泡沫裝點了孩子荒蕪的內心。這是它的價值。但有一天，這個孩子長大了，若繼續相信這個謊言，和小時候一樣，堅信只有做到完美才能得到愛，那麼當泡沫破裂時，長大了的孩子會像小時候一樣出現驚恐、抗拒、否認、憤怒的感覺。

前文提到的那個不斷被父母索取的女士最終意識到，父母沒有真的關心過她，永遠只關心她能給弟弟多少錢，父母一而再再而三地偏向弟弟，完全不顧工作正處於轉型期的她。她傾其所有，險些把自己小家的幸福都奉獻進去，但她仍然沒有得到父母的愛，這多麼讓人絕望啊。

那位女士終於意識到父母對她是剝削，不是愛。她痛苦了很長一段時間，晚上經常哭醒，睡不著，掉頭髮，她以為自己會活不下去。

直到有一天早上，她醒來，看見陽光，聽到鳥兒的叫聲，忽然發現之前就像做了一場噩夢。過去的自己，就像生活在地獄，不被愛的恐懼一直環繞著她，她竭盡所能，抓住的也只是一個愛的幻影。

現在，她活過來了。她發現，這個痛苦是真實的，是讓人崩潰的，但不是致命的。她長大了，不再是當年那個手無縛雞之力的小孩。現在她不僅可以透過自己的努力養活自己，還可以讓自己過得不錯。

「不討好他人→被拋棄→活不下去」的鏈條，就這樣在晨光中斷開了。雖然她還會受其影響，但是，這個影響力已經越來越小，越來越弱了。

穿越過痛苦，就會走到光明之處。

在電影《戰馬》中，農場主人窮困潦倒，把家裡弄得一團糟，他問妻子：「你是不是不愛我了？」妻子說：「我討厭你多了一點，但是我對你的愛不會減少。」不是因為你有價值才能被愛，而是你的存在本身就值得被愛。

有一次，我對孩子做了一件挺糟糕的事，我向她道歉，問她：「你是不是不愛媽媽了？」她說：「媽媽，我很不喜歡你那樣對我，但是我愛你。」

這句話瞬間將我融化。我的孩子對我如此寬容，真正的愛總是很純粹。

長大後，我們可以照顧自己內在的小孩，也可以給自己純粹簡單的愛。我值得被愛，不是因爲我能幹，不是因爲我完美，而是因爲我是我自己，我存在，這就值得被愛。

這個世界飽滿的愛告訴你，你可以不那麼用力，不一定要事事完美，也不需要對自己和周圍的人那麼苛刻。你不需要討好別人。別人喜歡或不喜歡你，那是他們的事情。你不需要對所有人負責，讓所有人都高興。

這樣，你的世界會更加自由，你會簡單地做你自己。可能你仍然要做很多事情，你仍然會感到心累，但你不會再白白消耗生命。你對這個世界會有更多的熱情，你也能給這個世界更多的愛。

17 練習

紀錄人生最風光的時刻

歡迎來到寵愛自己時刻，請準備好安靜的空間以及十五至三十分鐘的時間。找一個安靜的地方，讓自己身體的每一個部位都盡可能地放鬆，深呼吸，並且允許自己的每一個念頭存在。只是去覺察，不做任何評判。如果念頭太多，嘗試邀請它們坐在你的身旁，而你仍然可以繼續專注地呼吸。

我們再次邀請那束光來到你身邊。這束光可以以你想要的方式變換溫度、亮度、色彩，直到讓你感覺舒服自在。它可以持續性地滋養你。

在光的陪伴下，讓我們打開心門，看看自己經歷的人生中有過風光時刻嗎？那些讓你覺得驕傲、自豪的時刻，那些你想為自己鼓掌歡呼的時刻。

當時發生了怎樣的事情呢？你有什麼感受？你能感覺到喜悅嗎？還是有其他的什麼？用你的筆記下你的感受，記下這個歷程。

寫完後，心裡慢慢地品讀。你也可以把它分享給你的朋友，分享你最自豪與驕傲的時刻。

18

陪伴的力量：讓自己與世界建立更多連結

信任你的身體，聆聽它的回饋。

當它感到緊張、發抖、僵硬、疫疼時，你需要告訴自己，慢下來，靜下來，

並問問自己的身體：「你想讓我知道什麼？」

你可以嘗試與它對話。這需要安靜的時間、安全的空間，

還有面對現實的力量和勇氣。

恐懼是討好者想要改變時遇到的最大挑戰。在感覺到恐懼的時候，很多人都有一個習慣，那就是本能地逃避。他們可能用討好的方式逃避，也可能用遠離的方式逃避，或者用其他破壞性的方式逃避。但這些都只是暫時緩衝，從長遠看，這些行為不能幫助自己真正

成長和改變。

真正讓一個人不再被恐懼支配的方法，就是面對恐懼。話雖如此，做起來卻不容易。恐懼本身已經讓人抗拒，而對恐懼的恐懼，會使原本就處在恐懼中的心，雪上加霜。

看見自己的恐懼

如何面對恐懼？你要先看見你的恐懼。很多人不願意看見自己的恐懼，因為那會顯得自己挫敗、弱小。

一位女士在老公出軌後變得歇斯底里，憤怒異常。當她慢慢平靜下來後，我問她：「你害怕嗎？」她說：「不怕，我有什麼好怕的，是他對不起我，是他傷害了我，我很生氣，僅此而已。」

多年來，這位女士一直盡心盡力地相夫教子。她把自己的生活重心都放在家庭裡，放在這個男人身上。然而，這個男人喜歡上了別人。她的憤怒當然非常劇烈，但是，她為什麼說自己不害怕呢？有可能是她真的感覺不到害怕；也有可能，在潛意識層面，她不想讓自己感覺到害怕。

當她再一次被殘酷的現實打擊，看到老公的心已經不在自己身上的時候，她的心跳加速，手和身體不自覺地抖動。那一刻，她才發現，原來恐懼已經滲透到自己的身體裡。她不是不恐懼，而是不能讓自己恐懼。那些憤怒彷彿在說：「這不是真的，這不是真的。」身體是不會撒謊的。身體的每一個細胞都會對情緒做出反應。恐懼真實地發生著、被體驗著。

她哭了。她意識到，原來自己這麼需要這段關係，這麼害怕只剩自己一人，原來她說的不害怕都是假的，其實內心怕得要死。原來她每次努力表現得盡善完美，都是為了讓自己不失控，不恐懼。

為了讓自己感覺不到恐懼，她自欺欺人地表示自己從來都不會恐懼。但當她看到恐懼時，她的憤怒沒有繼續升級，在眼淚的沖刷下，她僵硬的身體似乎有了一點鬆動的跡象，面部表情也柔和了一些。

她似乎從來沒有這麼近地感受自己的恐懼。她體會著緊張，被恐懼淹沒，也體會到放鬆。她在那裡哭泣，也在那裡悲傷。我們就這樣在諮商室坐著，我沒有說話，安靜地和她在一起，陪著她。

漸漸地，哭聲變小，她開始對我說，她剛剛經歷了什麼。她說，她彷彿看見一個蜷縮在角落裡驚恐無助的小孩，髒兮兮的，沒有人喜歡，沒有人關注，連她自己也不喜歡這個孩子。這個孩子就是她內心的小孩，是她在很強烈的情緒中看到了曾經的自己。

她覺得這個小孩非常陌生，又覺得她們之間有著千絲萬縷的聯繫。要不是這件事，她大概還是會習慣性地防禦自己的恐懼而不自知。她不想看見這個無助的小孩，也不想看見自己的脆弱。

深層次而專注的陪伴

這次諮商後，她的狀態發生了改變：浮躁急切的感覺減少了，多了一點踏實的感覺。我們的諮商仍在繼續，這使得她在面對自己、面對老公時，情緒的張力得到一定的緩解，並在心裡漸漸感覺到被支持、被陪伴。慢慢地，她開始結交朋友，有了「自己是自己」的感覺。

我給大家講這個例子主要想說，很多討好者內心是極度恐懼的，他們需要深層次的陪伴。我的工作就是陪伴一個又一個茫然無措的個體，我見證了他們情緒的跌宕起伏，也見證了他們的勇敢和堅強。

我也被我的治療師陪伴了很多年，度過了無數個非常難熬的時刻，她的存在讓我知道有一個地方、有一個人可以聽我訴說，可以不帶評判地理解我、支持我。即便她有時候為我擔心，也不會採取壓迫的方式。

可以安靜地陪伴我們的人，讓我們看到生命裡的光，讓我們身在黑暗裡仍抱有希望。面對恐懼，我們需要培養專注力，拓展愛的資源。

專注會讓人幸福。你可以專注地品一杯茶，看一本書，這種感覺是美好的，能給你的心滋養。專注不僅是對人的，也是對萬事萬物的。

至於陪伴，如果你身邊恰好有可以深度陪伴你的人，請好好享受他的陪伴。若遇不上這樣的人，就直接去找。

我覺得，尋求專業靠譜的心理諮商師的幫助是一種不錯的方式，這是一個非常重要的建立深度陪伴的管道。你可以借此得到非常專注的陪伴，也會獲得一種被好好對待的感覺，讓我們感覺活著是美好的。

記得有一次，有位學員問精神分析專家曾奇峰老師：「是否應該在生活中找一個人聆聽我、陪伴我的人？」曾老師說：「可以，只不過生活中很難找到這種專業的聆聽者。」

這是一句大實話。每個人都想把心中的故事說出來，把許多複雜的情緒和感受向他人傾訴，可即便是好朋友，也做不到永遠在我們需要的時候聆聽我們。

朋友的陪伴和專業的心理諮商師的陪伴是不一樣的。深夜，你心情不好，想找個人一起喝一杯，這時朋友就是你最好的陪伴者，可以安慰你的心情；當你有美物、美食想要分享時，朋友也是很棒的分享者。

相對來說，交往越深的朋友，越能讓你獲得精神深處的陪伴與支持。有一些朋友是可以深入交往的，有些就只能是點頭之交，還有一些會漸行漸遠。沒有關係，不論哪一種，都值得你去交往，因為只有在關係中，你才知道自己會有怎樣的反應，也才有機會與他人相互滋養。

你也可以參加一些培訓班，如繪畫班、舞蹈班、閱讀班、手工班等，這些培訓班也許能讓你遇見靈魂契合的人，能與你相互陪伴，同時，這也是一個很重要的拓展愛的資源的通道。

另外，做細緻的事情，比如繪畫、手作，能讓你與當下生活連結，在某種程度上提供陪伴的感覺。**安靜的心會幫助你提高專注的品質。安在當下，與當下深度連結，你與世界在一起，恐懼感會減少。**

信任你的身體，聆聽它的回饋。當它感到緊張、發抖、僵硬、痠疼時，你需要告訴自己，慢下來，靜下來，並問問自己的身體：「你想讓我知道什麼？」你可以嘗試與它對話。這需要安靜的時間、安全的空間，還有面對現實的力量和勇氣。

有些人需要在他人的陪伴下進行，有些人自己一個人就可以，都很好，看你自己的感覺和內心的需要。

如果條件允許，我建議你找人進行這樣的對話，當然，對方最好是專業的。如果找不到專業人士，有個信賴的朋友在旁邊，你也可以在心裡進行這樣的對話。若是計畫一個人進行，則可以在你感覺安全放鬆的時候進行。

面對恐懼 獲得生命智慧的寶藏

大家有沒有注意到，我分享給大家的小練習，其實就是一個與自己對話的過程。寫出你的情感、你的擔憂、你的恐懼、你的渴望，這是一個非常有價值的歷程，你必須動筆參與進來。

但要注意適可而止。雖然我總是鼓勵大家勇敢，但每個人的極限是不一樣的。有些人怕得渾身發抖，仍然可以繼續做這件事，並不會有更強烈的反應，而有些人可能需要將節奏放慢才行。

我們要相信自己在關鍵時刻的直覺。你覺得不可以，在那一刻就是不可以，不代表以後不可以。之所以出現這種情況，只是因為當時恐懼的強度太大，超過了你當時的承受範圍，緩一緩，你的勇氣和信心會逐漸增強。

當你經歷了很深的恐懼，並且從這個恐懼中走出來時，如果你那時進行反思，就極有可能得到一件禮物。

就像本章一開始提到的女士一樣。她一直認為老公那裡有她的希望，直到致命一擊的出現，她在劇痛中震顫，在恐懼中甦醒，她發現自己才是自己的希望，照亮黑暗的光就在自己身上，在合適的時候就會射出來。

雖然現實讓她疼痛得想要逃離，但是，當她找到光，她的內在就迸發出前所未有的力量。那力量不是來自事事做得完美、依附他人、索取，而是來自創造，來自為自己連結想連結的人和事的渴望。這是一種非常有力量的、踏實的感覺。

每個人都知道一些道理，也常從書上看到很多智慧的觀點，但這些智慧在成為你的體驗之前，都只能被叫作知識。

真正變成你的智慧的，是經過了你的心，並能與你產生連結的東西。當你分享它時，它帶著獨特的生命力量；當人們聽到它時，也能感受到它的真實與踏實。

每個人的內心都有很多生命的智慧，它們藏在痛苦背後。當憤怒、焦慮、孤獨、羞恥襲來，它們像是要吞噬你、折磨你，但若你帶著直接面對恐懼的勇氣去迎接，去面對，你就會發現寶藏。

我這麼說，並不是鼓勵大家為了寶藏而特意尋找痛苦。刻意尋求痛苦是尋不到寶藏的。你必須對自己誠實，一步一步地走過去，重新連結那些斷裂之處，重新面對自己一直逃避的東西。

當下的勇士們，你將為自己感到驕傲！

18 練習

給恐懼的一封信

找一個安靜的地方，讓自己身體的每一個部位都盡可能地放鬆，深呼吸，並且允許自己的每一個念頭存在。只是去覺察，不做任何評判。

我們再次邀請那束光來到你身邊。這束光可以以你想要的方式變換溫度、亮度、色彩，直到讓你感覺舒服自在。它可以持續地滋養你。花一些時間，讓這一切慢慢地進行，你慢慢地連結那束光。

在光的陪伴下，邀請你的恐懼到你的面前，試著與它進行一場對話。

你可以給它取一個名字、給它寫一封信，字數可多可少。然後，假設你就是那個恐懼，再以這個身份，給你自己回一封信。

品讀自己寫的這兩封信，如果感受到什麼，就繼續寫下來。

19

哀悼的力量（上）：四個階段，走向光明未來

人的一生會經歷各種各樣的失去，
哀悼是非常重要的心理過程。
我們是在失去和哀悼中前行的。

討好者大多不怎麼快樂，對他們而言，獲得快樂的能力似乎快消失了。孩子們天生擁有快樂，一些成年人不是沒有快樂，而是不會快樂了，他們快樂的通道被封住了，被各種各樣的壓力、情感給堵住了。

看似擁有了一切卻不快樂

幾年前，有一位個案，她一到諮商室就說：「我的一切都很好，我家庭幸福，經濟條件還不錯，有房子，有工作，有孩子。而且，看起來得到這些都很順利。」我問她：「你一切都很好，為什麼要來諮商呢？」她說：「我也不知道，我就是想來。」

她說這些話的時候，有一絲難以察覺的憂傷。她不知道為什麼來諮商，在意識層面，她說不出來，但她的潛意識知道答案：她想來面對自己，探索自己。

我對她說：「雖然你說一切都很好，但是你好像並不快樂。」她愣住了，隨即像是被什麼東西砸中了一樣，不說話了，眼淚慢慢滑落。她說，她什麼都聽父母的，學琴、考學校、工作、結婚、生孩子，每一步，看起來都很好，但她越來越厭倦這樣的生活。

常人難以理解，像她這樣順風順水的女孩，怎麼會這麼「矯情」。其實這不是矯情。如果你能進入人的內心世界，你會發現每個人的反應都有其原因。這位女孩之所以越來越厭倦自己的生活，是因為她從來不覺得她是為自己而活。在人生的重大事情上，她幾乎沒有自己的意見，她就像一個提線木偶，早被設計好了路線，只要照著走就好了。

沒有真正活過的生命，就不是自己的生命。她是在養育孩子的過程中察覺到不對勁的。看著孩子哭鬧，她開始覺得事事聽從父母的建議，好像有問題。漸漸地，她發現自己想發脾氣，而且這種衝動愈發強烈。

她不知道哪裡不對勁，就是感覺不舒服。

她不快樂！是的，在別人看來，她擁有美好的生活，可是她不快樂！她失去了什麼呢？她失去了自由快樂的童年，失去了冒險精神，失去了自己做決定的能力，甚至失去了自由意志。

她失去了自己。

一個什麼事情都聽從父母意見的人，要想找回自己，真的不容易。但是，她決心要找到自己，不想這樣過完後半生。堅定的決定本身就帶有信心的力量，這對她很有幫助。接下來，我們在一起又走過了三年，直到她覺得自己可以離開，這段諮商才結束。

那個時候，她已經很清楚自己想要的人生方向，也很清楚自己能夠做什麼。她會遇到困難，但她也有應對困難的能力。她專業能力出眾，又被公司器重。她感覺很好，但這個時候的好，不再是別人都說她很好的好，而是和她自己有很深的連結、朝著自己喜歡的方向走的好。她走得比以前穩健多了。

我看到生命是如何走過險灘，走過荒野，走進森林，走向朝陽的。

哀悼失去的四個階段

她做了什麼呢？她來的時候，為她那些無法言說的失去很憂傷。我們做的很多工作，都是在哀悼她的失去。她經常哭，非常悲傷，感覺自己無能為力，感覺到不聽話時的恐懼。她也會憤怒，對公司主管、對自己的父母、對同事，包括對我。但她非常勇敢，所謂「過往不念」，一定是她走過了哀悼期，才接受了那些失去。

由失去到接受，這是哀悼的過程。

第一個階段：否認

否認，是最簡單的事。如果我們否認發生過的事，就不用為它痛苦。否認會讓人看不到事實，只看到自己想看的。這是一個很重要的保護機制。如果一直待在否認的階段，人的心理發展就會停滯。但因為這一階段痛苦程度最輕，所以「否認」非常受歡迎。

與否認相關聯的是隔離，就是讓自己與很多情感隔絕、分離，這樣，人就感覺不到痛苦了，但痛苦仍然存在，一旦痛苦擊穿了這個保護機制，人就會進入第二個階段。

第二個階段：憤怒

在這個階段，人已經意識到事情確實發生了，對發生的事非常憤怒，並且感到被羞辱。前文老公出軌的例子中，身為老婆的女士，一開始的否認很快就被痛苦擊穿了。進入第二個階段後，她爆發出歇斯底里的憤怒，像是要毀天滅地一樣。她覺得自己做了很愚蠢的事，竟然愛上了這樣一個人。

痛苦的程度自然不用說，她的自戀碎掉了，整個人彷彿要崩解，賴以生存的共同體離開了她，她當然會極其憤怒。

有一個常見的詞：不甘心。

人一但不甘心就會陷入糾纏、討價還價的狀態。糾纏是人遇到挫折之後幻想出來的狀態，人會忍不住攻擊別人，也攻擊自己。

這時，會有很多偏執的力量加入，人好像變得驍勇善戰。這是一種掙扎式反抗，會讓人使出渾身解數，不肯鬆手。

糾纏往往會讓人損失很多的時間、精力，甚至財富，人也因此變得更不甘心。隨著時間的流逝，在一次又一次的憤怒裡，有人開始給自己有品質的回應，有人開始支持和理解自己，人的一些感覺會發生變化。慢慢地，人會進入第三個階段。

第三個階段：哀傷

到了這個階段，該說的也說了，該憤怒的也憤怒了，能消耗的也消耗後，人們便會陷入一種沉靜而疲憊的狀態，慢慢開始意識到，事情就是發生了，而自己能力有限，只能做到這樣。

這是一個直接面對失去的階段，人們將會看到自己失去的一段關係，失去的機會，看到自己失去的青春，失去的快樂，失去的勇氣，失去的期待，失去的幻想。這些之前不曾看過的景象，將給人們帶來極大的空虛感。有人將空虛感描述為「心裡有了一個洞，怎麼也填不滿」。

這個階段的痛苦讓人非常難熬。在否認和憤怒階段，人可以向外攻擊，可到了哀傷這個階段，如果熬不過去，人就會抑鬱，將攻擊指向自身，因此這是一個比較危險的階段。

抑鬱有一個功能，是將自我的各個部分重新分解，棄其糟粕，取其精華，部分重組，造就一個更有力量的自我。

在這個階段，所有躁狂式反擊、拼命式糾纏，都得到被重新思考和安放的空間。這相當於對過往經歷的反思與重構。當這些經歷慢慢沉靜下來之後，人會進入第四個階段，也是最後一個階段。

第四個階段：接受

在這個階段，已經發生的事實變得可以接受，提起它們，我們的心裡還是會有感覺，但不再像以前那樣直接陷入情緒的旋渦，開始有了相對穩定的自我存在。

我們會漸漸發展其他關係，重新建立連結，逐漸恢復對身邊事物的興趣，甚至發現更多感興趣的事物；不再像往常那樣貪戀幻想的溫柔鄉；面對過往，我們知道當時的自己盡了全力，如果有什麼沒做到，也是因為自己有侷限；人們對自己的苛責會減輕，內心有一些空間能容納自己的情緒，對周圍的人和自己都變得寬容；以前非常在意的事情，也沒有那麼讓自己揪心了；我們會體驗到踏實的感覺，心開始變得安寧、堅定。

以上四個階段並不是完全獨立的。譬如，在否定階段，也會有憤怒；在憤怒階段，也會有哀傷；而在哀傷階段，也會時不時地憤怒，感到羞恥和孤獨，一次又一次地想逃離。

這四個階段都需要我們給予自己更多的耐心和陪伴。否認的價值在於保護我們免受強烈的衝擊，這階段需要我們對自己有更多的尊重，一味地逼迫自己面對現實是沒有用的。

在憤怒階段，我們需要表達、宣洩。我們可以和自己的諮商師談談，和朋友談談，或者其他可信任的人談談，也可以參加一些團體，幫助自己表達憤怒。有的人會選擇運動，譬如拳擊或擊劍。

在哀傷階段，人們會比較沉靜，但這個階段，我們也需要表達，只不過和憤怒階段的表達不一樣，我們在哀傷階段會更多地聚焦於內在的悲傷感。我們可以使用藝術的方式表達哀傷，譬如書寫、繪畫、舞蹈等。而在最後一個階段，我們不需要多做什麼，慢慢走過前面幾個階段，自然就到了接受的程度。

人的一生會經歷各種各樣的失去，哀悼是非常重要的心理過程。我們是在失去和哀悼中前行的。

大多數人能夠很快地從小的失去裡走出來，工作、生活不受影響。一旦遇到巨大的失去，每個人的心理結構不同，受到的衝擊不同，走出來所需的時間也就不同，工作、生活難免受到很大影響。

還有些人一生都在憤怒、哀傷或抑鬱中度過。接受失去是非常難的一件事，其中最重要的是要有足夠的時間，每個人需要的時間、節奏都不一樣。

我的父親去世很多年了。他剛剛離世的時候，我剛開始心理諮商的學習，我知道有哀悼這麼一回事。見到我的諮商師後，我對他說：「嗯，我要哀悼我逝去的父親。」

誰知道，我在意識層面那麼努力，潛意識卻來搗亂，我始終無法開口講述關於父親的一切。這種狀況持續了好幾年，後來，在諮商師的陪伴下，我才能開始談論他。

現在我才明白，當時，我的內心根本不想面對父親已經逝世的事實。開始提及父親時，我進入了非常哀傷的狀態，甚至無法對諮商師說出我對父親離開這件事的憤怒，我捨不得他，我還沒來得及去愛他，又怎麼捨得恨他呢？又過了幾年，眼淚終於沒那麼多了，我才能談一點憤怒，然後陷入哀傷，就這樣反反覆覆，真的非常艱難。

一個人有了這些經歷才會知道什麼叫「心」的地方會有多疼。請給自己時間，從疼痛中慢慢緩過來。當你可以面對現實時，你的潛意識會給你訊息。我們總是急著完成一件事，再馬上去做另一件事。依我看，心靈的事最不能著急，著急也沒用，你的潛意識掌握著總體節奏。

我相信，每個生命都有自己的生長速度。找到讓你感到安全且可以陪伴你哀傷的人，就像前文所提，慢慢嘗試連結更多的資源，感受愛與支持的力量，這樣，人比較容易從失去裡走出來。

人成長的終極問題是自戀的問題。

失去也是一樣，所有的失去都會經歷自戀挫敗。當你把自己慢慢建設得更好時，那些失去就無法撼動你的根基。

19 練習

想對「親愛的過去」所說的話

這是寵愛自己的時刻，請準備好安靜的空間以及十五至三十分鐘的時間。找一個安靜的地方，讓自己身體的每一個部位都盡可能地放鬆，深呼吸，並且允許自己的每一個念頭存在。只是去覺察，不做任何評判。如果念頭太多，影響了你專注地呼吸，那麼你可以像老朋友一樣，嘗試邀請它們坐在你的身旁，而你仍然可以繼續專注地呼吸。

我們再次邀請那束光來到你身邊。這束光可以以你想要的方式變換溫度、亮度、色彩，直到讓你感覺舒服自在。它可以持續地滋養你。花一些時間，讓這一切慢慢地進行，你慢慢地連結那束光。

在光的陪伴下，從身邊找一個方便觸摸的物品，用它代表你的過去。可以是枕頭、書或者其他你覺得與你的過去有關的物品。找到後，安靜地看著它，以「親愛的過去」為開頭，在內心與它進行一場對話。

你可以把這麼多年來想要對它說的話都說出來。寫下你和它的對話。

20

哀悼的力量（下）：六個關鍵點，讓你勇往直前

帶著傷痛往前走是人生的常態，沒有人可以把所有的問題都解決了才走下一步的。即便我們仍有恐懼，仍會焦慮，仍會傷心，仍會憤怒，我們仍然可以積極地投身於與事物的連結，去看看周圍，感受事物的線條、光澤、顏色；去體驗連結的感覺；去勇敢地碰觸。

哀悼失去需要時間，時間既讓我們絕望，也給我們希望，時間會慢慢撫平創傷。前一章我向大家介紹了哀悼的過程。本章，我想談一談具體該怎麼應對。這裡有六個關鍵點能夠協助你過好往後的餘生。

第一，我允許自己難過

請讓我們用仁慈的心對自己說：「我允許自己難過。」

在經歷了那麼多失去後，我們已經非常難過了，我們能為自己做的最重要的事情，就是允許自己難過。不管你正在經歷哀悼的哪個階段（否認、憤怒、哀傷、接受），都請允許自己充分地經歷它們。

否認是非常正常的。對所有人來說，失去都是痛苦的，我們防禦痛苦最常見的模式就是否認。殘酷的真相與事實讓人想逃避。即便你第一時間就否認，也很正常。

就我瞭解到的，面對失去，第一時間不否認的極少，大概每個人都會否認，只是時間長短的問題。有的人可能會否認一個晚上，第二天就接受了事實，有的人可能要花很長時間，極端一些的，甚至要用一生去否認。

否認的時候，人會自責，可能會覺得是自己導致了這一切，也可能會責怪別人，覺得是別人幹的壞事。不管是哪一種，底層邏輯都是對逃離痛苦的渴求。

一個人如果力量足夠強大，就沒有必要逃離，自然會選擇面對。很多人會對自己和他人抱有非凡的幻想，覺得不可以在痛苦面前退縮，因為大家都希望自己擁有力量，但我們總有脆弱的時候，不能要求每個人每時每刻都勇猛無比。

有非凡幻想的時候恰恰也是我們脆弱的時候。請把我們自己，以及身邊的人都當作一個人，以仁慈之心，允許自己和他人脆弱，允許自己和他人否認事實。當「不可能，為什麼會這樣」的感覺產生時，不要評判，不要增加責備的枷鎖。

同樣，當你憤怒、悲傷時，也請允許自己憤怒、悲傷，不要強迫自己馬上從這種情緒中走出來，因為這真的需要時間。

第二，尊重已經發生的事實

已經發生的事是事實，值得被尊重。偶爾逃避事實是正常的，但如果逃避成為一種習慣，並且影響了你的生活，請用一種有力量的方式告訴自己：「我不會再逃避，我尊重已經發生的事實。」

我們會用指責來對抗事實，譬如，你為了討好別人，付出了巨大代價。事情的結果讓你感覺難以承受，於是你將責任向外轉移，這是一種防禦痛苦的方式。雖然這在一定程度上緩解了內心的痛苦，但解決不了根本的問題。

當你指責自己或他人時，請尊重這種指責，同時讓它停下來。指責是一把刀，既傷人也傷己。

指責通常有兩種方式：第一種是指責他人，認為他人要為事情承擔全部責任，所以想透過批評的方式讓對方難受，以緩解自己的痛苦；第二種是指責自己，內在的自我分裂出兩個不同的部分，其中一部分高傲、完美的那個自我會指責那個不夠有能力的、搞砸了的自我。

這兩種方式，一種向外攻擊，另一種向內攻擊。但不管朝向哪裡，指責都會加重內心的罪惡感，也會削弱自己的力量。

因為在哀悼的過程中，內疚與指責是反覆出現、互相伴隨的。在憤怒的指責之後，許多人會感到非常內疚，覺得不應該那樣指責別人。內疚是一種令人非常難受的情感體驗，其中包含自己沒有做好、沒有盡責的體驗，甚至還有因自己傷害了別人而產生的悔恨。內疚的痛苦，同樣讓人想逃避，於是內疚會再次轉化為憤怒的指責，從而形成「內疚—指責—內疚」的迴圈。

我們需要看到自己使用了哪些方法來逃離痛苦，需要瞭解自己出現了哪些情緒。在這裡，**我們可以調動均勻懸浮注意，觀察這一切。如果你覺察到指責，不要評判，既然事情已經發生了，請尊重它**。

請嘗試用溫柔的方式讓自己平靜下來。你可以對它說：「我看見你了。來，請坐到我旁邊來。」

第三，我是有力量的

當你進入情緒的中心去體驗情緒時，請不要逃避和對抗，你可以告訴自己：「我是有力量的。」當你否認事實的時候，試著思考自己產生了什麼樣的情緒，盡可能去直接面對它們。

你是有力量的，請繼續以一種溫柔的方式允許這些感受的存在，給它們足夠的空間，不要急著讓它們消失，或者一定要它們澈底消失，讓它們待在那裡就可以了。讓這些情緒流經你的身體、你內在的心智空間，直到它們慢慢地離開。

在這個過程中，你會看到一個情緒拋物線。最開始，情緒激昂地發生、上揚，到達頂點，然後慢慢地變弱，直到回歸平穩。許多人體驗過這樣的情緒過程之後，對情緒的恐懼感開始降低，且由於對整個過程有了一定的瞭解，內在的失控感也減輕了，相應地，自己的控制感也在增強。

每當你陷入情緒時，你都可以靜靜地體會這些感受的存在，感受有力量的自己。

第四，我是安全的

說出你的故事，做一些積極的嘗試，並告訴自己：「我是安全的。」

寫下自己的故事就是與心靈在對話，你可以天馬行空、自由自在地寫。書寫是一種表達，一種宣洩，也是一種整理。寫完，你還可以說出你的故事。

不要懼怕說出自己的故事。人類是高級的情感動物，有情感連結的需要。找到可以傾聽你的朋友、諮商師，或者加入一個安全的團體，找到值得信賴的人聽我們的故事，我們的痛苦就會被分擔。

只要有人願意傾聽、能讓你感覺安全，那麼你就可以向他們傾訴，和他們講講事情的發生、經過及結果。有人願意傾聽你，便是在你和他之間創建了一個承載情緒、安放痛苦的空間。

一位學員分享了這樣一件事。小時候，她害怕媽媽不高興，經常說謊話討媽媽開心，甚至說了很多子虛烏有的事情。

一次，她的謊話引來一場家庭大戰，在爭吵打鬧中，她的奶奶受傷住院，半年後去世了。這個學員當時只有七八歲。多年來，她一直不能原諒自己的過錯，認為是自己害死了奶奶，對她很好的奶奶。

在她分享了自己的故事後，現場的很多朋友給她回饋：「這不是你的錯，大人們本來就有問題。」、「你當時還小，無法承擔，你太害怕了，所以才用說謊的方式討媽媽開心。」、「你真的好勇敢，可以把它說出來。」、「我也有類似的經歷，特別理解你的感受。我們都特別不容易……」。

聽到這些回饋後，她哭了。講自己的故事時，她流下了委屈的眼淚；而這一刻，她流下的是感動的淚水。她一直覺得自己很壞，沒想到，在場的朋友接納了她的故事，這讓她真的感覺好了一些，心裡那一塊冰凍的東西，開始慢慢融化。

因為心裡一直藏著秘密，她和別人好像總有一種距離感，這讓她沒有辦法交到朋友，也讓她更加孤獨。但是，與別人分享自己的故事讓她感覺到，自己同他人之間是有連結的，因為她發現一些人與自己有類似的經歷和感受，這讓她覺得自己是有同伴的。

就連她一直認為的自己內心的「邪惡」都變得沒有那麼黑暗了，它們得到了理解。對被他人否定的恐懼，是她一直討好甚至不惜說謊的根本原因。她一直沒能發現這個恐懼，只是一味地責怪自己傷害了家人。而在場的朋友給她的回饋，說明她重新理解和認識了自己內心那些扭曲的想法。

我們可以透過各種各樣的方式成長，借助同伴的力量便是其中一種。我們可以透過從同伴獲取信任理解、尊重與支持的方式，提升自己的安全感。

第五，我有能力告別

我們可以給自己舉行一個告別的儀式，用一個肯定的句式給自己信心。在心裡這樣告訴自己「我有能力告別」或者把這句話寫在自己的本子上，對著鏡子念出來，也是不錯的選擇。

當自己的故事被一遍又一遍地訴說時，我們的情緒便會隨之流淌。在關係的滋養下，在自我成長的幫助下，我們能夠慢慢接受已經發生的事實，再提到它們的時候，情緒也不會那麼激動了。這也意味著，一段哀悼的歷程即將結束。

有些人並不需要儀式，而對有些人來說，儀式很重要，甚至需要多次重複儀式。**在我的經驗裡，告別的儀式會幫助我們縮短哀悼的歷程，因爲告別儀式其實是一種現實層面的告知：這件事情已經發生了，現在它已經過去了。**

你可以為自己的告別儀式做一些創造性的準備：一個告別的禮物、一段特定的時間以及對你來說很舒服的空間等。這些都是告別儀式的一部分。一些人會選擇在旅行時進行這個儀式，譬如在某個神秘的小島、某個有紀念意義的小屋。每個人採取的方式都不一樣，無論哪一種方式，只要能表達內心情感的需要就行。

有位女孩去草原用石頭和小花擺了一個煙花造型，紀念過去的一段戀情。她和那個男孩在草原相遇，並迅速進入相互折磨的關係模式：女孩子習慣討好，男孩子過度入侵和控制，最終這段關係以男孩的背叛結束。這個女孩在很長一段時間內都無法接受，她痛恨男孩的背叛，更痛恨自己的卑微討好。

長達三年的時間裡，她一度難受到無法工作，但她一步一步挺了過來。她去旅行，還參加了一些社會團體、心理成長工作坊，並開始精進自己的英文，後來她得到一個深造的機會。

當她走向更廣闊的世界時，才發現自己當年是多麼的脆弱與幼稚。在學習深造的一年裡，她修復了自己。

回國後，她去的第一個地方就是他們相遇的草原，她在那裡用小花和石頭擺了一個煙花的造型。她說，自己曾那樣用力地綻放，是這段關係讓她真正開始面對自己，而現在，她找到了自己，也走了出來。

這個儀式讓她真正與那段經歷告別。至此，過往留在過往，她走向未來。

第六，我可以繼續往前走

請用肯定的句式告訴自己：「我可以繼續往前走。」哀悼是一個過程，更是一個階段。人在很傷心的時候，是做不了什麼事情的。但是如前所說，情緒像一條拋物線，當它得到充分的允許、表達時，會回落到正常範圍。在內心相對平靜的時候，該做什麼就去做什麼。雖然難免會觸景生情、難過悲傷，但這些都會過去，日子還要繼續過。

一個積極的鼓勵會讓我們看到希望，也會讓我們更有信心。既往失去的那些再也回不來，而我們從那裡收穫了很多教訓與人生道理，知道了自己的侷限，看到了自己的努力。這些會豐富我們的內在，讓我們內在的力量變得更加強大。

如果你內心有空間容納這樣的肯定力量，就請多鼓勵自己。如果你覺得自己的力量不夠，可以向身邊信得過的人、理解你的人尋求協助，請他們定期給你鼓勵。但不要讓鼓勵變成一種負擔，請自己把握節奏。

帶著傷痛往前走是人生的常態，沒有人可以把所有的問題都解決了才走下一步的。即便我們仍有恐懼，仍會焦慮，仍會傷心，仍會憤怒，我們仍然可以積極地投身於與事物的連結，去看看周圍，感受事物的線條、光澤、顏色；去體驗連結的感覺；去勇敢地碰觸。

客體關係理論大師溫尼考特（D. W. Winnicott）說過：「創造性比其他任何東西都能使個體感到生活是有意義的。」我們會失去，會痛苦，但我們也可以用任何可能的方式重新創造。創造會讓我們感覺自己有力量，有意義，有希望。

20 練習

形容失去時的感受

這是我們與自己在一起的時刻，請準備好安靜的空間以及十五至三十分鐘的時間。找一個安靜的地方，深呼吸，讓自己身體的每一個部位都盡可能地放鬆，並且允許自己的每一個念頭存在。只是去覺察，不做任何評判。如果念頭太多，影響了你，那麼你可以像老朋友一樣，嘗試邀請它們坐在你的身旁，而你仍然可以繼續專注地呼吸。

我們再次邀請那束光來到你身邊。這束光可以以你想要的方式變換溫度、亮度、色彩，直到你感覺舒服自在。它可以持續地滋養你。花一些時間，讓這一切慢慢地進行，你慢慢地連結那束光。

在光的陪伴下，我邀請你進入一個你沒有完成哀悼的失去，它可以是失去的一份工作、一個機會、一個人及逝去的時光，去感受它，花一些時間，不要著急。當你能感覺到它時，用顏色、形狀來形容你的感受。你可以用一些句子寫出來。

寫完後，請花兩分鐘靜默。

接下來，我邀請你去看看，在這次失去裡，有哪些力量幫助了你，使你活了下來，來到了現在。

不用著急，去感受、去連結。每個人都有力量支撐自己離開那時的痛苦，一步一步來到當下。也許是你自己，也許是其他人，甚至是自然界，你一定得到了什麼力量的幫助。

找到它，與它在一起，它就是屬於你的力量，是你未來可以繼續使用的力量，也是可以陪伴你、滋養你的力量。

請你描述這些力量，與值得信賴的人分享。

21

扎根的力量：五個方式，讓自己盛情綻放

外在的一切，都可以是我們的資源，
我們從中尋找最適合自己的，
然後堅定地扎根，深入泥土。

無論敞開的依附還是逃離的孤獨，自我的根基都不在自己身上。脆弱的心靈曾經想把這個根基扎在別人那裡，但是，現在我們知道，這是不行的。

處在虛妄的幻想狀態是無法扎根的，因為幻想本身就是在逃避扎根。一些人會說自己沒有根基，其實不是。所有人都有根，但不是每個人都能把自己的根扎下去。沒有扎下去的根會隨著整個人飄蕩，讓人找不到歸屬感，也沒有安全感。

有討好特質的人，就是沒有扎穩自己的根。而要扎根，我們可以這樣做。

第一：讓自己變得重要

你會不會經常捨不得為自己買好一點的東西，卻在給喜歡的人買這些時，毫不猶豫？有些人很享受給所愛的人提供豐厚的物質，這無可厚非，但還有一些人，會把這樣的給予變成委屈的付出。如果你是後者，就可以透過以下方式改變自己。

你可以在行為上採取行動，把滿足別人變成滿足自己。遇到自己喜歡的也買得起的東西，果斷下手，用喜歡的東西滋養自己。這樣做並不容易，尤其是對具有討好型人格的人來說，他們已經習慣把別人放在更重要的位置上。

意識到把別人看得太重而忽略了自己，也瞭解了自己的卑微與恐懼，這還遠遠不夠。我們最主要的任務，是為討好模式帶來一些實質性的變化，所以，我們要行動起來做一些事情幫助自己。

如果原來的行為模式讓自己不舒服，就換一種方式，這至少是一個積極的嘗試，表明你在探索其他的可能性。有些人不敢讓自己變得重要，總覺得羞恥。這有可能是因為沒有被這樣重視過，不習慣這種被重視的狀態。

我要對這些人說的是，你當然配擁有好的東西。如果你買了喜歡的東西，不管昂貴還是便宜，只要是你想買的，就有買的價值。你買得起自然很好，你買不起，不代表你就不配擁有它，將來時機合適時照樣可以擁有它。

讓自己的內心變得重要而珍貴，這是靈魂層面的驕傲，你可以直接滿足自己的需求，不需要其他人的迂回成全。

如果有人願意滿足我們的需求，那當然更好，如果沒有，你要試著適應自己本身就能滿足自己的方式，並且要善於利用「自己」這個最大的滿足資源。當你覺得自己的願望和需求都能被善待和尊重時，你會覺得自己也值得被善待和尊重。

不要忽略「自己」這個最大的資源，它會讓你變得重要。

你需要把自己當個人來看，你不是誰的工具，也不是隨便可以丟棄的玩偶。你需要自由，需要休息，需要享受快樂，雖然不可避免地也會體驗到悲傷，但這也是每個人都會有的經歷。

也請記住，你不是神，你不可能搞定所有的事情。

第二：讓自己變得靈活

我把自我力量的沉澱比喻成扎根，把外在的干擾比喻為風。

很多具有討好型人格的人因為根基不穩才經常擺蕩，外在的聲音、意見很容易把他的自我帶走。就好比當我們沒有足夠強大的力量時，風很容易成為傷害我們的外在因素。

請讓自己變得靈活。當聽到外在的聲音時，回到內心，問自己：「我有什麼想法？我是他們說的那個樣子嗎？」你需要有自己獨立的判斷，不做別人眼中的父母、伴侶和孩子，你是你自己。即使受到他人評價的衝擊，隨風擺一擺，也就只是擺一擺，枝葉動幾下，不會傷及樹幹。

僵硬會讓你受傷。僵硬就是不靈活，不能隨著事件的發展而變化。

就像你聽一個朋友講他的合作夥伴對他不好，他信誓旦旦地說要放棄合作，但後來他改變主意了，還想和那個人繼續合作。而你對此事的想法停留在最初，並為此指責他：「你怎麼變了呢？你不是說要和那個人分開嗎？怎麼還繼續合作呢？我以後怎麼再信任你呢？」

這就是一個僵化的狀態。在這個時候，我們需要看到自己呈現了這樣的應對方式，同時，也要試著改變這種困境。

我們需要理解的是，風吹過來的力量，加上壓制和反抗的力量，給我們帶來了雙重壓力，很容易讓人受傷。如果用靈活的維度來思考，我們就有機會看到我們不是爲了外面的誰而改變，而是爲了擴充自己的空間而改變。

在這個例子中，朋友有她的想法、她的決定，這是她作為一個人的自由和權利。你也可以有你的想法，你的想法也是值得尊重的自由意志。

你怎樣看待別人？你覺得別人是在表達他的意見還是在壓迫你？感到敵意，就會防禦；感到安全，就會柔軟。當我們感到敵意的時候，要問問自己：「他是真的要傷害我嗎？」你若允許別人成為別人，你也就可以成為你自己。我建議你多交跨界的朋友，嘗試一些新事物，這對拓寬視野以及理解他人、理解生命很有幫助。

第三：讓自己變得堅定

不穩定的內心是容易變化的。察覺到心動、神動時，透過呼吸把自己帶回當下。在感到混亂的時候，讓注意力回到當下，此時此地的一切可以幫助你區分幻想與現實。「我在哪裡？看到什麼顏色？聽到什麼聲音？聞到什麼氣味？」這些都能夠幫助你穩定下來。

你還可以從內心喚起對生命的虔誠，相信自己目前所經歷的就是本身要經歷的，所以去經歷就好。

用這個方式可以減少評判，也減少妄念。過去已不可及，未來不可期，只有當下，存在於每一個瞬間。你只需要去經歷。

既然已經無法逃脫，就帶上你的勇氣去迎接吧。

堅定是一種篤定的狀態，是你對自己的信任。從更深層面看，我覺得它是一種非常有氣魄的看見和支撐，是一種生命的信仰，是對未來的希望，是對即將經歷的坎坷的從容。

藉由堅定，你可以堅信你的生命是獨一無二的，堅信你值得人生這場歷練，堅信黑夜過後會有光明，堅信你的良善、你的熱情、你對自由的爭取與守護。

請擁有你自己的印記，發展你對世界的看法和理解。多去思考，從經歷中學習，從故事裡學習。當我們看到有人做出不合理的行為時，我們的內在會告訴我們，我們不應該這樣做。

你的感覺會告訴你，你真正的心之所向。

外在的一切，都可以是我們的資源，我們從中尋找最適合自己的，然後堅定地扎根，深入泥土。

第四：讓自己變得深刻

試著用細膩的方式與周圍的一切發生連結，每一個瞬間，都可以成就永恆的感受。

用心吃一碗飯，體會每一粒米的香甜。

用心看一片葉子，觀察它的樣子、顏色，欣賞它隨風搖動的婀娜。

用心聽一首音樂，品味它的旋律、節奏以及你想到的故事。

用心畫一幅畫，注意色彩、形狀以及它的內涵。

用心陪伴最喜歡的朋友，一起散步，在靜謐的時光裡，分享困惑與秘密。

用心陪伴孩子一段時光，一起做遊戲，在難得的時光中，眼裡有情，心中有愛。

用心對待自己的痛苦、悲傷與恐懼，與它們在一起，就像和老朋友在一起，不吵不鬧，只是擁抱它們，讓它們知道，你跟它們同在。

用心享受你的快樂，盡情開心，你的用心，會帶你走向深刻。

想要全方位地扎根，你可以去連結周圍的一切，你的家人、朋友、同事，你擁有的物品、喜歡做的事情，你身邊的環境等。

用開放的態度對待身邊的資源，你的自由在於你可以選擇你需要的。當你連結上它們時，那個叫作深刻的東西就出現了。慢慢累積，慢慢沉澱，這是深入理解最好的途徑。深刻的連結，便是深刻的扎根。這深刻的質感是迷人、深情的，也是雋永的。

第五：讓自己重新成長

重新成長意味著原來的模式會漸漸被新的模式替代，意味著希望，意味著力量。你總要給自己機會去嘗試，不試怎麼知道行不行呢？

人生很長也很短，活得勇敢一些。那些你一直想要去做而沒有做的事情，找機會去做；那些你一直想要說卻沒有說出口的話，找機會去說；那些你一直想愛卻沒辦法表達愛的人，找機會去表達。

人生很長也很短，活得勇敢一些，不要懼怕自己的攻擊性，你要在自己的土地綻放自我的花。你當然需要被好好照料，但同時你也需要鎧甲。把你的攻擊性當作你的鎧甲，它可以隨你的需求而變，可以在關鍵時刻護你周全，也可以在風雨來臨時為你遮風擋雨。

在你擅長且喜歡的地方深耕，體會人生的快樂與幸福，去工作，去打拚，去享受世間美食、美物的滋養。深深扎根，你終將盛情綻放，活得安全而穩定。

想像成一棵大樹的扎根練習

這次練習會提到享受美食、美物等物質世界的滋養。當你有一個獨立穩定的自我時，你就能隨時隨地發現資源，得到滋養。

這次我們做一個不一樣的練習——扎根練習。它能幫助我們擁有一個扎實穩定的自我。

和往常一樣，準備好安靜的空間和十五至三十分鐘不受打擾的時間。在這個地方，你可以閉上眼睛，讓自己的身體放鬆下來，深呼吸可以幫助你做到這一點。覺察自己的念頭，如果出現了，允許它存在，不做任何評判。

當你放鬆下來時，我們再次邀請那束光來到你身邊，你可以從它這裡得到更多的呵護與滋養。在光的陪伴下，想像你是一棵樹，與大地緊緊地連結在一起，你被支撐著，被保護著，你的根深深地扎進泥土裡，同時還有一股力量幫助你往下扎根。

你會繼續生長，枝繁葉茂，和周圍的世界有更多的連結。慢慢地去體會這樣的感受。慢慢睜開眼睛。

現在我邀請你站起來，雙腳像樹根一樣，穩穩地立在大地上，向下給予力量，體會與大地的連結。伸出你的雙臂，向周圍伸展，向周圍扎根。想像狂風到來，你的身體隨風搖擺，但是你依然立在土裡，慢慢地，慢慢地，風停了之後，你依然穩穩地扎根大地。

記住這些感覺，把它寫下來，安靜地用心體會你的文字。

這個方式可以比較直觀地體驗扎根的感覺。你可以經常做這樣的練習。

討好不是錯，願你給自己愛和寬容

我想問大家一些問題，此刻你的內在在體驗什麼？請深呼吸，放鬆自己的身體，允許你的感受浮現。你可能覺得焦慮，可能覺得充實，可能覺得無奈，可能覺得滿足，可能覺得平靜……有沒有發現，當你慢慢聚焦在當下時，你就能感受到自己的力量。

慢，讓我們有機會內觀自己，有空間讓被忽略的情感浮現，這是相當重要的部分。具有討好型人格的人很像一個勤懇的奔跑者，卻沒有終點，一直在奔跑。當我們把精力都投入忙碌的生活時，就沒有空間來真正面對情緒了。

問題是，不是你不面對，情緒就不存在了。它們在積蓄力量，不斷呼喚你的注意。如果沒有被照看到，它們就會不斷發酵，變成反向的力量，在特別的時刻，造成破壞。不如給自己創造一個空間，允許這些感受存在。

討好行為的背後有太多被壓抑的恐懼、悲傷與憤怒。就像武志紅老師所說：「當你看見這些情緒，並且照管它、允許它時，它就會變得柔軟和流動，成為一種白色生命力，進而發展為創造力；當這些情緒不被照見時，它會變得僵硬、停滯，成為黑色生命力，進而發展為攻擊性行為。」

看見討好行爲的情緒感受

深入觸碰自己的情緒，是療癒的第一步。當你看見自己情緒的那一刻，你就有了療癒的空間。

在本書第一部分，我談到了五組與討好相關的情緒感受，透過深入且細膩的描述、案例解析，給大家呈現情緒的五個維度。

它們分別是焦慮與恐懼、羞恥與委屈、憤怒與內疚、悲傷與無力、孤獨與空虛。這五組情緒是從具有討好型人格的人身上總結提取出來的，它們是最讓人疼痛也最困擾討好者的感受。

在過去的生命裡，當討好者困頓、迷茫、頹廢時，別人一句理解的話總能讓他感到安慰，讓他感到這個世界還有一些希望。

如果沒有理解，他就失去了連結，就會非常孤獨。那些一直在痛卻難以言說的情感在蠢蠢欲動，在尋求關注。

在我的書《你的善良，也許只是軟弱》中有很多對情感的描述。一個朋友看了這本書後，向我回饋：「很感慨，有一個人可以把一直縈繞於心的那些朦朧的感覺描述得那麼真實、貼合、具體。謝謝你，這些分享對我而言很珍貴，也讓我不那麼孤獨了。」

這個回饋對我而言同樣珍貴。從空間上講，我們不在一起，但我們深深地感受到彼此。有人理解，是件特別珍貴的事。

我把我的感受表達出來，也許我們會在彼此心裡某個幽暗的拐角相遇，這是很美好的事。美好會讓我們感覺到溫暖，也讓我們的內心世界更有希望。

覺察關係中的思維邏輯

在本書的第二部分，我提到五組思維邏輯，分別與恐懼、羞恥、內疚、無力以及空虛相關。

與恐懼相關的是迎合與順從：我害怕你。如果能讓你高興，我就是可愛的，我會變得安全。

與羞恥相關的是靠近與逃離：我不能靠近你。如果我靠近你，你就會討厭我；如果你遠離我，我就很沒有價值感。

與內疚相關的是付出與補償：我傷害了你。如果我對你付出，你就會給我愛；如果我補償你，你就會喜歡我。

與無力相關的是失去與獲得：我不能拒絕。如果我拒絕了你，我就會被拋棄。

與空虛相關的是存在與消失：我不能沒有你。如果我們不分開，我就永遠不會孤獨。

在這部分，我細緻地討論了幻想以及幻想導致的行動。搞清楚它們，我們就能看清自己在這段關係模式中到底扮演了什麼角色。

至於幻想，我要說的是，它不是一個能用好和壞來定義的東西，它就是人類心理發展的內在機制而已。幻想頑固而迷人，讓人又愛又恨。愛的是，在孩子們的幻想中，只要自己足夠好，父母就會喜歡自己；恨的是，隨著漸漸長大，人們越來越清楚，很多事情不是這樣的。

但是，想明白不代表我們的行為模式會發生改變。覺察，只是改變的第一步，我們還需要不斷成長。父母愛不愛你，不是你所能控制的。如果父母愛你，那最好；可若父母不像你想像的那般愛你，甚至可能不愛你，要怎麼辦呢？我們當然還是有選擇的。

改變與療癒的力量

這就來到了第三部分，改變與療癒。在這裡，我和大家分享了我的思路、方法、鼓勵、支援。我把這一部分稱為力量篇。

我談了七種力量：決定的力量、方法的力量、界限的力量、愛與支持的力量、陪伴的力量、哀悼的力量、扎根的力量。

這些力量的核心是幫助自己建構一個穩定、平衡的自我。

討好者之所以把力量寄託在別人身上，是因為自身力量不足。所以，對討好者而言，一個非常重要的學習部分就是加強自我力量，但這需要一個過程。習慣了原來的模式後，要換一個新的模式是相當不容易的。

我們需要做一些心理上的準備，這需要決定和方法的力量。如果沒有下定決心，後面的一切都是空談。這就像立目標，清晰的目標能給我們方向和希望。如果一個討好者把目標設定為改變別人，那麼結果當然會讓自己深感挫敗。方向正確很重要，也很必要。

界限的力量可以幫助討好者區分人與我、人與世界的邊界。這相當重要。如果沒有邊界，一個人就無法建立自己的王國。我們需要清楚地知道自己的邊界在哪裡、他人的邊界在哪裡、我們怎麼與他人相處。

支持與陪伴是關於愛的力量，這個力量溫柔、有耐心，並且深厚慈悲。除了深深地理解自己，我還建議你發展其他關係，創建更多的連結通道。當我們能從身邊的資源裡得到幫助、支持時，就會感覺自己更有力量。

哀悼與扎根是創造的力量。失去讓我們悲痛，而在我們的一生中，會不斷地經歷各種失去，但我們並未與每一次失去好好告別。失去也是一種對生命的創造，哀悼、訴說、表達會幫助我們離開傷心的地方，回到當下。

當我們來到當下，在當下扎根，發芽，生命就會枝繁葉茂。在不斷創造中，我們開始有能力抵禦風險，並在生命裡創造更多可能。

說了這麼多，很重要的一點就是行動。如果沒有行動，我們就會被困在那裡，永遠沒有將來。當然，繼續停留、付出、盼望、傷心、憤怒也是可以的，這也是一種選擇。

我相信，我們會為自己做出當下最合適的選擇。選擇沒有好壞之分，選擇什麼、承擔什麼，就可以了。一個人對自己生命所做的任何努力，都值得被尊重。

擁抱充滿恐懼、羞恥感的內在小孩

我們還可以從現在開始，把用力的方向指向自己。

討好者最不愛幹的事情就是寵愛自己。討好者內心有一個羞愧的小孩，他長時間縮在黑暗的角落，怕被看不起，怕被不喜歡、不接納。而這個羞愧的小孩卻是討好者的一部分。不停攻擊自己「該死，太骯髒了，太可惡了，太自私了」是多麼殘酷的事情！這個小孩已經這麼難受了，攻擊只會讓他退縮，讓他更加羞恥、更加恐懼。攻擊除了滿足貶低者洩憤的快感，實在沒有別的好處。

如果我們內心的某一部分認同父母的苛責、暴力，我們就會變得像他們一樣，批評自己的羞愧，指責自己的無能為力。其實，羞愧、無能為力都是自己的一部分，我們不妨嘗試給它們一些空間，允許它們待在那裡，允許自己就停留在當下。請停止對自己的攻擊，當內心升騰起自己「不夠好」、「不配好」的聲音時，試著對自己說：「停下來，不要攻擊自己了。」

也許一開始你無法馬上停下來，但是當你不斷這樣做的時候，你就可以減弱攻擊對你的影響。每一種情感都有其存在的價值和意義。我們的討好行為不應該受到批判，它也需要存在的位置和空間。

你還可以增加一些空間，發展一個寬容的自我。當我們看到自己內在這個羞愧無力的小孩時，問問他，是否可以抱抱他。如果可以，請伸出手，把這個孩子攬在懷裡，就像對待嬰兒一樣，給他撫慰。就這樣抱著他，給他安寧的關懷，靜靜的陪伴，全然的接納。

這是一個經歷了很多恐懼的孩子，一個非常努力的孩子，他有勇敢的靈魂。此刻，你擁抱著他，溫暖自在，直到你想把他放下來。然後告訴他，你會陪著他，會經常擁抱他。

當你能夠理解討好是我們為了活下來而做的一種努力時，你就能看到討好行為背後的脆弱、無助、渴望。討好者只是還沒有找到更好的方式來表達自己、成就自己，他們也想獲得美好的生活，同樣希望被看見，被知曉，被懂得。

相信我，當你對這個心中充滿恐懼的小孩投以愛意時，他就會慢慢地從黑暗中走出來，和你一起在陽光下跳舞。

當我們還沒有力量讓內在自我和諧共處時，至少可以允許它們存在。若我們陷入偏執的混亂，我們的內在就會陷入分裂與衝突，處在不停的鬥爭之中。毀滅周遭世界並不能讓自己成爲最終的勝利者，而愛會讓一切恢復平衡。

建立內在穩定的自我

討好，不是一種錯，更不是一種罪過。

願你有力量創造愛與寧靜，願你早日抵達內心的真實與勇敢。

願你給自己包容和理解，願你深深地愛自己。

現在，讓我們回到最初。我提到的每一次練習，都是在為我們的接納做鋪墊。當我們深深呼吸、放慢節奏、感受自己時，就是在為自己創造允許這一切存在的空間。你們也可以經常做這樣的練習。

最後，再邀請那束光來到你的面前，溫暖你，陪伴你。這束光有著神奇的力量，你可以決定它的溫度、亮度和色彩，直到你感覺舒服自在。這束光已經陪伴了你這麼久，它就是你的夥伴、你內心的力量。

現在的你對它已經很熟悉了，在以後的時間裡，這束光仍然會陪伴你，在你需要的時刻，它會聽從你的召喚，帶給你希望和愛。

再次邀請你進入內心的安全基地，在這一個月的時間裡，它一直守護著你，給你最深的陪伴和滋養。帶著這個被愛的感覺，回想走過的這三十天，你經歷了什麼，現在的你與剛打開這本書的你，有什麼不一樣嗎？

讓我們來為當下的自己寫一首詩，你可以採用對話的形式，也可以採用敘事的形式，以及任何你覺得喜歡的形式。記住不去評判，只是去寫，深情地與自己對話。

這首詩，是我們送給自己的一份成長禮物。這是你用心對待自己的時刻，把這些放進你的心，帶著它，立在當下，走向未來。

親愛的你們，親愛的我們，感謝這麼長時間相互深情的陪伴，說再見是有點捨不得，但我知道大家一定會在各自的成長道路上一直走下去。願彼此深愛，一起往前。

參考文獻

1. Sigmund Freud 著《佛洛伊德文集：珍藏版》（全12冊）。車文博主編，北京：九州出版社，2021。
2. 施琪嘉等著，《心理治療理論與實踐》〔M〕。北京：中國醫藥科技出版社，2006。
3. David J. William 著，《心理治療中的依戀——從養育到治癒，從理論到實踐》〔M〕。巴彤、李斌彬、施以德、楊希潔譯，北京：中國輕工業出版社，2014。
4. Jerome S. Blackman 著，《心靈的面具：101 種心理防禦》〔M〕毛文娟、王韶宇譯。上海：華東師範大學出版社，2011。
5. Oliver James 著，《原生家庭生存指南：如何擺脫非正常家庭環境的影響》〔M〕。康潔譯，南昌：江西人民出版社，2019。
6. Sigmund Freud 著，《夢的解析》〔M〕。方厚升譯，杭州：浙江文藝出版社，2016。
7. Harriet I. Basseches、Paula L. Ellman、Nancy R. Goodman 著，《生與死的戰鬥：與施受虐的對抗》〔M〕。李光芸、藍薇、童俊譯，北京：世界圖書出版社，2017。
8. Melanie Klein 著，《愛、罪疚與修復》〔M〕。杜哲譯，北京：九州出版社，2018。
9. Thomas Trobe, M.D.、Amana Trobe 著，《擁抱你的內在小孩：以愛療癒內在的恐懼》〔M〕。方志華、李淑娟等譯，桂林：灕江出版社，2011。

晴好出版

不被喜歡也沒有關係
戒掉討好，活出自我，建立有界限的穩定自我

作　　者｜黃玉玲
封面設計｜謝佳穎
內文排版｜葉若蒂
責任編輯｜黃文慧
特約編輯｜劉佳玲

出　　版｜晴好出版事業有限公司
總 編 輯｜黃文慧
副總編輯｜鍾宜君
行銷企畫｜胡雯琳
地　　址｜10488 台北市中山區復興北路 38 號 7F 之 2
網　　址｜https://www.facebook.com/QinghaoBook
電子信箱｜Qinghaobook@gmail.com
電　　話｜（02）2516-6892
傳　　真｜（02）2516-6891

發　　行｜遠足文化事業股份有限公司（讀書共和國出版集團）
地　　址｜231 新北市新店區民權路 108-2 號 9F
電　　話｜（02）2218-1417　傳真｜（02）22218-1142
電子信箱｜service@bookrep.com.tw
郵政帳號｜19504465（戶名：遠足文化事業股份有限公司）
客服電話｜0800-221-029　團體訂購｜02-22181717 分機 1124
網　　址｜www.bookrep.com.tw
法律顧問｜華洋法律事務所／蘇文生律師

中文繁體版通過成都天鳶文化傳播有限公司代理，由人民郵電出版社有限公司授予晴好出版事業有限公司獨家出版發行，非經書面同意，不得以任何形式複製轉載。
初版一刷｜2023 年 8 月
定　　價｜350 元
I S B N｜9786269735778
EISBN（PDF）｜9786269751143
EISBN（EPUB）｜978626975115

國家圖書館出版品預行編目（CIP）資料

不被喜歡也沒有關係：戒掉討好，建立有界限的穩定自我／黃玉玲著 -- 初版
臺北市：晴好出版事業有限公司出版；
新北市：遠足文化事業股份有限公司發行，2023. 08；270 面；17X23 公分
ISBN 978-626-97357-7-8（平裝）

1. CST：自我肯定　2. CST：生活指導　3. CST：成功法

177.2　　112008783